£10.54

Saro Marretta

Pronto, commissario! 2

16 racconti gialli
del commissario Astolfio Bongo
con soluzioni
ed esercizi per la comprensione del testo
a cura di Alessandra Pontesilli

The Bonacci Editore

Questi racconti gialli sono frutto di attività di insegnamento
dell'italiano come lingua straniera

Il disegno in copertina è dell'autore
Disegni di Claudio Marchese

Printed in Italy

Bonacci editore

Via Paolo Mercuri, 8 - 00193 Roma
(ITALIA)
tel. 06/68.30.00.04 – fax 06/68.80.63.82
e-mail: bonacci@flashnet.it

© Bonacci editore, Roma 1996
ISBN 88-7573-322-8

I NOSTRI EROI

ASTOLFIO BONGO è un commissario di polizia sui 55 anni, un po' anticonformista anche nel vestire. Porta spesso la coppola siciliana invece del cappello, gli piacciono la cucina e le vacanze e da piccolo voleva fare l'attore.

BEPPE VOLPE ha 35 anni ed è nella Polizia da più di dieci. Ora collabora con Astolfio Bongo. Ha baffi spioventi, gli piace il gioco del calcio e anche lui, come Bongo, ha l'hobby della cucina.

Personaggi
Astolfio Bongo commissario di polizia
Beppe Volpe agente di polizia
Giuseppe Rossini la vittima
Maria Rossini moglie di Giuseppe

Martedì notte, tra il primo e il due di febbraio a Milano, cade molta neve dalle 20.30 alle 4.15. Alle 5 del mattino il commissario Astolfio Bongo riceve una telefonata:
— Commissario, venga subito a casa nostra. È morto Giuseppe Rossini. *Segue l'indirizzo: via Malfatti 27, zona dello stadio. E chiude.*
Siccome è ancora un po' presto, Bongo cerca un pretesto per continuare a dormire. Con un occhio chiuso e l'altro semiaperto si rivolge all'agente Volpe:
— Vacci tu questa volta, Beppe. Io qui devo occuparmi dell'omicidio di Monza di ieri sera. Se vuoi, puoi usare la mia «caffettiera».
La caffettiera di Bongo è una Fiat Ritmo rossa che ha già percorso più di centomila chilometri. Ma Volpe senza Bongo non si muove e così i due, dopo un quarto d'ora, si trovano nel parco della villa liberty, detta del Condor, di via Malfatti 27. A villa Condor li colpisce una candela accesa sotto un cipresso che illumina la faccia pallida di un uomo vestito di nero. I due si avvicinano e scorgono che si tratta del cadavere del dottor Giuseppe Rossini. A circa due metri di distanza trovano una pistola scarica, e sul cadavere stesso, nemmeno un fiocco di neve.
Dopo nemmeno un minuto, l'agente Beppe Volpe e il commissario Astolfio Bongo si trovano di fronte la signora Maria Rossini, una donna alta, snella coi capelli biondi lunghi avvolta in un mantello di seta azzurra. Beppe Volpe a quell'ora è un po' più sveglio di Bongo e inizia lui con la prima domanda:
— È stata lei, signora Rossini, a telefonare alla Centrale di polizia?
Maria Rossini Io ho chiesto l'intervento del commissario Astolfio Bongo, non quello suo.
Bongo (*mentre si fa avanti*) Signora Rossini, non mi riconosce più? Forse è un po' presto anche per lei a quest'ora!

Maria Rossini Oh, carissimo Bongo, mi scusi se non l'ho riconosciuto prima. Ma come è cambiato in questo tempo! In meglio sa, sembra quasi più bello di quando c'incontravamo al caffè delle Palme.

Bongo Il tempo passa per tutti, signora. Dica pure quello che è successo, siamo qui per ascoltarla.

Maria Rossini Ieri sera verso le 10 leggevo un libro noiosissimo. Credo che si trattasse delle *Ultime lettere di Jacopo Ortis* di Ugo Foscolo. Un'imitazione del romanzo *Die Leiden des jungen Werther* di Goethe. Una storia di giovani che passano il tempo a suicidarsi.

Astolfio Bongo (*leggermente imbarazzato*) A me la letteratura piace, signora, ma preferisco quella moderna. Vada pure avanti col suo racconto.

Maria Rossini Stavo addormentandomi quando, verso mezzanotte, ho sentito degli strani rumori che venivano da fuori.

Beppe Volpe Che tipo di rumori erano?

Maria Rossini Come degli scoppi. Ho pensato subito a due motorini che correvano per la strada. Non ci ho fatto caso, ho messo il libro sul comodino e ho spento la luce. Credevo che mio marito stesse seduto come al solito davanti al computer.

Astolfio Bongo Quali altre abitudini aveva suo marito oltre a quella di usare il computer?

Maria Rossini Le dirò, commissario: mio marito era un uomo quasi perfetto, posso quasi dire che non aveva vizi.

Beppe Volpe Mai droga o una storia galante per esempio?

Maria Rossini sorride e tace per un attimo. Poi ci ripensa:

— Sì, gli piacevano le donne, ma non ha mai avuto delle avventure serie. Così credo, almeno! Questa mattina alle 5 ho aperto le finestre, ho visto mio marito sulla neve e ho telefonato alla Centrale.

Beppe Volpe Non aveva nemici suo marito?

Maria Rossini Non credo che il mio caro Giuseppino avesse nemici. All'inizio ho pensato alla vendetta di un marito geloso. Sa, si pensano tante cose in questi momenti. Ma non credo a quest'ipotesi. Giuseppe amava le donne platonicamente.

Astolfio Bongo Era forse in difficoltà economiche?

Maria Rossini Chi, io?

Beppe Volpe No, lui, suo marito!

Maria Rossini Non credo ... mi lasciava sempre sola. E quando era a casa, non parlavamo mai della nostra fabbrica di stoffe. Ma adesso che ci penso: ecco, forse la recessione ...

La signora Rossini si reca alla svelta in ufficio, spegne il computer ancora acceso e prende un foglio scritto a macchina. Lo legge: «Addio mondo schifoso. Addio cara moglie. Perdona questo gesto. Il tuo fedele Giuseppe».

BEPPE VOLPE Perché davanti al corpo di suo marito ci sono delle tracce fresche di pneumatici?

MARIA ROSSINI Quando ho visto il corpo del caro Giuseppe, il mio primo istinto è stato quello di caricarlo in macchina e portarlo all'ospedale. Ma era già troppo tardi per lui e ho preferito, come lei sa, telefonare alla Centrale.

ASTOLFIO BONGO Invece non è così. Ci dispiace doverla contraddire, signora, ma dobbiamo portarla alla Centrale di polizia.

SVOLGI L'ESERCIZIO CHE SEGUE CHE TI AIUTERÀ A TROVARE LA SOLUZIONE

Il signor Rossini, dunque, si sarebbe suicidato intorno a mezzanotte sparandosi un colpo di pistola dopo aver lasciato un messaggio d'addio alla moglie.
Il commissario Bongo si è però accorto di alcuni particolari che non quadrano con l'ipotesi del suicidio. Hai capito di quali particolari si tratta? A questo proposito prova a completare le frasi che seguono.

a. Se il signor Rossini si fosse suicidato, la pistola _____

_____

b. Se si fosse sparato in giardino in piena notte, come dice sua

moglie, _____

_____

c. Se il messaggio d'addio fosse stato scritto da lui, probabil-

mente _____

_____

Se sei riuscito a trovare i particolari che non quadrano non ti sarà difficile a questo punto capire come sono andate realmente le cose.

Se ti serve una conferma vai a guardare la soluzione.

PERSONAGGI
ASTOLFIO BONGO commissario di polizia
BEPPE VOLPE agente di polizia
PASQUALE FRIZZI capo cameriere
DOTTOR TOMMASO CARRERA padrone dell'albergo Principe

L'albergo Principe di Milano brucia ancora. Le fiamme lo hanno distrutto quasi completamente in meno di due ore. Due ospiti americani, Claudia e Rolf Miller, sono rimasti chiusi in una camera, ma poco dopo i pompieri riescono a liberarli. Il capo cameriere Pasquale Frizzi suda, dà ordini e sta col telefonino all'orecchio. La sua giacca bianca è macchiata di carbone. Molti ospiti dell'albergo si trovano ora feriti all'ospedale dei Gladioli, e il padrone dell'albergo, il dottor Tommaso Carrera, ha perso la vita nelle fiamme. Il morto lascia la moglie Marisa di trent'anni e due bambine dell'età di sei e sette anni.
Intanto Astolfio Bongo e Beppe Volpe, nella vecchia Fiat Ritmo rossa, sono stati bloccati dal traffico delle 18. Quando finalmente arrivano, trovano l'albergo Principe quasi completamente distrutto e il capo cameriere Pasquale Frizzi con un bicchiere di champagne in mano.

BONGO Sta preparando una festa signor Frizzi?

PASQUALE FRIZZI No, commissario, dopo una paura così grande, volevo fare una breve pausa. Non c'era più acqua minerale e ho preso un po' di champagne dal frigorifero.

ASTOLFIO BONGO Vuol raccontarci allora com'è successa questa storia?

PASQUALE FRIZZI (*col bicchiere vuoto in mano*) Che storia terribile, commissario! Sono sceso in cantina a prendere due bottiglie di Brunello di Montalcino, il vino che preferiscono i nostri clienti. Come lei sa, i nostri clienti bevono il Brunello e il Chianti della Toscana e qualche volta una bottiglia di Barolo del Piemonte...

BEPPE VOLPE Questo lo sappiamo, Frizzi. Ma passiamo alla nostra storia: lei fuma oppure ha acceso una candela?

PASQUALE FRIZZI No, non fumo mai durante il lavoro. Quando sono arrivato in cantina per prendere il vino, ho acceso la luce. È venuta giù una scintilla e ho visto una grande fiamma.

ASTOLFIO BONGO Quindi l'incendio è scoppiato probabilmente a causa di una fuga di gas.

PASQUALE FRIZZI Sì, è andata via la corrente e in un attimo ho visto le fiamme come se tutto fosse stato ricoperto di benzina. Esse hanno sorpreso il dottor Carrera nella camera 207 del secondo piano.

BEPPE VOLPE Non avete un sistema d'allarme in quest'albergo?

PASQUALE FRIZZI Sì, abbiamo un sistema molto moderno che ha funzionato. Purtroppo il dottor Carrera non l'ha sentito e noi non abbiamo potuto salvarlo.

VOLPE Quindi: o il dottor Carrera era sordo e questo non ci risulta o l'allarme non ha funzionato solo nella camera 207.

PASQUALE FRIZZI Il dottore si trovava chiuso nella sua camera ad ascoltare le note di Beethoven col suo nuovo apparecchio stereofonico. Molto probabilmente, quando sono arrivate le fiamme, stava ascoltando il *Fidelio* con le cuffie e non ha sentito l'allarme. È colpa di Beethoven se è morto. O del *Fidelio*. Una morte terribile che il povero dottore non si meritava.

ASTOLFIO BONGO Una morte terribile sì, caro mio. Però ci sono dei particolari che mi obbligano a portarla alla Centrale di polizia.

SVOLGI L'ESERCIZIO CHE SEGUE CHE TI AIUTERÀ A TROVARE LA SOLUZIONE

Ricostruiamo lo svolgersi dei fatti: metti in ordine quelli elencati qui di seguito in modo casuale:

a. L'albergo Principe è completamente distrutto dal fuoco
b. Suona l'allarme antincendio
c. I pompieri spengono l'incendio
d. Frizzi prende lo champagne dal frigorifero
e. Arriva il commissario Bongo insieme all'agente Volpe
f. Carrera non sente l'allarme perché sta ascoltando la musica con le cuffie
g. Frizzi va in cantina a prendere il vino
h. Scoppia un incendio a causa di una fuga di gas
i. Carrera muore nell'incendio
l. Va via la corrente

Indica qui di seguito l'ordine in cui sono accaduti i fatti:

1. _____

2. _____

3. _____

4. _____

5. _____

6. _____

7. _____

8. _____

9. _____

10. _____

Ci sono due fatti in particolare che inducono il commissario Bongo a sospettare del capo cameriere Frizzi, hai capito quali?

3 L'ULTIMA GIORNATA DI SONIA FIAMMINI

PERSONAGGI
ASTOLFIO BONGO commissario di polizia
BEPPE VOLPE agente di polizia
PASQUALE AMBROGINI un ricco speculatore
SONIA FIAMMINI cantante di musica leggera
COSIMO GRILLO un giardiniere

Il commissario Astolfio Bongo e l'agente Beppe Volpe sono arrivati nel parco della lussuosa villa di campagna di Pasquale Ambrogini. Pasquale Ambrogini si è costruito una villa di lusso alle porte di Milano, cosa che fa impressione anche per il nome: «Maximum». Appena arriva, Astolfio Bongo tocca subito l'acqua della piscina con l'indice e sente che è molto calda. «Proprio l'ideale per una bella nuotata» pensa. Nel garage si trovano parcheggiate due Rolls Royce e una Ferrari Testarossa tutte lucide. Mentre i due si avvicinano alla porta d'entrata della villa, da dietro un gruppo di faggi spunta all'improvviso il giardiniere, un uomo piccolino dalla faccia rotonda e allegra e con un berretto rosso in testa che sembra lo zucchetto di un cardinale:
— Vengano, vengano signori!
E con la manina alzata, si offre di condurre i due sul luogo della tragedia. Astolfio Bongo e Beppe Volpe allungano il passo dietro al giardiniere e sull'erba vicino a un pino, non lontano dal laghetto dove nuotano calmi due cigni, giace il corpo di Sonia Fiammini, un'affascinante cantante di musica leggera. Ai piedi del cadavere, un lungo coltello coperto di sangue. La bella Sonia è stata avvolta in una coperta pulitissima di colore bianco, come i due cigni che nuotano sullo sfondo della scena. Quando la vede per terra, Beppe Volpe cerca istintivamente di liberarla dalla coperta. «Quando si tratta di una bella donna ti svegli subito!» pensa Astolfio Bongo.
I due poliziotti notano che Sonia indossa un costume da bagno rosa perfettamente asciutto, come i capelli biondi che le ricadono in morbide onde sulle spalle. Una donna fine e delicata nelle proporzioni, non c'è che dire, solo che ora, purtroppo, non è più tra i vivi, ed è un vero peccato per una donna bella come lei.
BEPPE VOLPE (*a Cosimo Grillo, il giardiniere*) Quando l'avete scoperta?

COSIMO GRILLO Un'ora fa. Prima abbiamo cercato un medico, ma di domenica i medici sembrano essere andati tutti in vacanza. Poi abbiamo avvertito la Centrale. Sono stato proprio io a telefonarvi.

Il padrone della villa, Pasquale Ambrogini, giunge silenziosamente alle spalle dei due poliziotti e all'improvviso suona un campanello. Astolfio Bongo, anche se sorpreso, mantiene la calma, mentre Beppe Volpe, più sensibile, fa un salto e cerca istintivamente la pistola di servizio. Pasquale Ambrogini indossa un vestito nero con una cravatta blu e sembra preparato a un lungo viaggio: — Niente paura, sono io, il padrone di casa!

Si mostra soddisfatto d'aver sorpreso i due poliziotti e vuole fare il generoso: — Cosa vi faccio portare da bere?

Astolfio Bongo mostra d'aver fretta, come sempre quando s'avvicina l'ora di pranzo:

— È già il secondo omicidio in una giornata e spero che lei capirà perché vogliamo andare subito a casa ...

BEPPE VOLPE Lei sa quanto è duro il nostro lavoro!

BONGO (*a Ambrogini*) Solo qualche domanda e la lasceremo in pace. Che relazione aveva lei con Sonia Fiammini?

PASQUALE AMBROGINI Di pura amicizia. Io e Sonia, come ha scritto la rivista «Sorrisi delle star» e come loro della polizia certamente sapranno, uscivamo spesso insieme. A lei piacevano le macchine da corsa e a me la sua compagnia. Andavamo d'accordo.

BEPPE VOLPE Dove abitava Sonia?

PASQUALE AMBROGINI Al terzo piano di questa villa. Stamattina verso le dieci, mentre facevamo il bagno in piscina, sono stato chiamato al telefono.

BEPPE VOLPE E Sonia, cosa ha fatto?

PASQUALE AMBROGINI È uscita con me dall'acqua. Io sono andato a rispondere al telefono e lei è andata a stappare una bottiglia di champagne. Le piaceva molto lo champagne francese... Sono rimasto al telefono un quarto d'ora. Al mio ritorno la povera Sonia non c'era più.

COSIMO GRILLO Sì, dopo quella telefonata il padrone ha chiamato la signora ad alta voce, ma inutilmente. Sono stato io purtroppo a scoprirla pochi minuti dopo vicino al laghetto dei cigni. Sembra una madonna, com'è bella!

ASTOLFIO BONGO Però la cronaca rosa dice che tra lei e Sonia tutto era finito da un bel po'. Che molto probabilmente Sonia aveva conosciuto un altro uomo. Un attore di teatro, mi pare.

Cosimo Grillo Tutte chiacchiere. Il padrone e la signora si capivano perfettamente e io lo posso testimoniare.

Pasquale Ambrogini Balle! I giornalisti, quando non sanno trattare argomenti importanti, s'inventano delle storie come questa. La verità è che io e Sonia stavamo per sposarci.

Beppe Volpe (*a Pasquale Ambrogini*) Ha toccato il corpo o qualcos'altro qui attorno al laghetto dopo aver trovato morta la signora?

Ambrogini Sì, ho preso quella coperta e ho cercato di tamponare il sangue che usciva dalla ferita. Ma non c'è stato niente da fare, Sonia è morta quasi subito.

Astolfio Bongo ha una certa invidia per le persone che si sono arricchite facilmente e dal suo comportamento traspare una certa severità.

Astolfio Bongo Come mai, quando è andato al telefono, non ha sentito nemmeno un grido?

Ambrogini Perché io stavo dentro casa e l'omicidio è stato commesso fuori. Poi, mentre il giardiniere vi telefonava, sono andato a vestirmi.

Beppe Volpe Siamo contenti che lei sia vestito. Così non dobbiamo aspettare molto per portarla alla Centrale!

SVOLGI L'ESERCIZIO CHE SEGUE CHE TI AIUTERÀ A TROVARE LA SOLUZIONE

Completa le frasi che seguono in base a quanto hai letto.

1. AMBROGINI DICE CHE LUI E SONIA, PRIMA CHE LEI VENISSE UCCISA,
   - a. avevano nuotato ☐
   - b. avevano bevuto ☐
   - c. avevano litigato ☐

2. AMBROGINI AFFERMA CHE QUANDO HA TROVATO SONIA FERITA
   - a. ha chiamato a voce alta il giardiniere ☐
   - b. ha cercato di tamponare il sangue con una coperta ☐
   - c. si è spaventato ed è svenuto ☐

3. QUANDO VIENE TROVATA MORTA SONIA INDOSSA
   - a. un costume bagnato ☐
   - b. un accappatoio ☐
   - c. un costume asciutto ☐

4. I CAPELLI DI SONIA SONO
   - a. asciutti e in ordine ☐
   - b. bagnati e in disordine ☐
   - c. raccolti in una treccia ☐

5. IL CORPO DI SONIA È AVVOLTO
   - a. in una vestaglia macchiata di sangue ☐
   - b. in un accappatoio bagnato ☐
   - c. in una coperta pulita ☐

Rifletti. Ci sono alcuni particolari che non sono in accordo con il racconto fatto da Pasquale Ambrogini. Prova a trovarli!

PERSONAGGI
ASTOLFIO BONGO commissario di polizia
BEPPE VOLPE agente di polizia
CECCO TUMMINELLO presunto assassino
GIANNI MONTANARI il morto

Astolfio Bongo e Beppe Volpe arrivano in via Dorelli 22 a Milano da Cecco Tumminello, un tipo duro che non ha mai amato la polizia.

CECCO TUMMINELLO (*a Bongo*) Immagino che non vorrà parlare con me, commissario!

ASTOLFIO BONGO Non preoccuparti, Cecco, saremo brevi. Ma cerchiamo proprio te.

CECCO TUMMINELLO Proprio me? E che cosa avete da dirmi?

ASTOLFIO BONGO Niente di speciale, Cecco. Sei semplicemente accusato di omicidio. La Centrale ha scoperto che sei l'assassino di Gianni Montanari e siamo venuti a fare quattro chiacchiere con te.

CECCO TUMMINELLO (*ironico*) E venite a disturbarmi a quest'ora solo per un omicidio?

ASTOLFIO BONGO Non sappiamo ancora con quale arma hai ucciso il Montanari, ma lo scopriremo tra poco. O forse ce lo racconterai tu stesso. E subito. Risparmieremo molto tempo se ti decidi presto.

CECCO TUMMINELLO Quando l'avete scoperto questo maledetto... volevo dire, questo strano omicidio?

ASTOLFIO BONGO Due ore e mezzo fa.

CECCO TUMMINELLO Io sono stato sull'isola d'Elba fino a un'ora fa.

ASTOLFIO BONGO Ho due testimoni che ti hanno visto scappare con la pistola in pugno. E fin qui, niente di male. I due ti hanno anche visto sparare. E non certo in aria per spaventare i piccioni della piazza del Duomo.

CECCO TUMMINELLO Commissario, lei ha due testimoni che mi dichiarano colpevole e io invece ne ho quattro che mi dichiarano innocente.

ASTOLFIO BONGO È possibile che tu sia innocente, Cecco. Ma dimmi almeno chi sono questi testimoni.

Cecco Tumminello Il primo è un uomo di ottantasei anni coi capelli corti, di Torino. L'ho incontrato sul treno e mi sono fatto dare il suo biglietto da visita perché è impiegato in una fabbrica d'armi e un giorno quell'indirizzo mi potrà servire.

Beppe Volpe Anche il secondo testimone lavora in una fabbrica d'armi?

Cecco Tumminello Il secondo testimone è il tassista Manlio Coretti di Monza. Mi ha accompagnato dalla stazione centrale a casa. Mi ricordo del suo cognome perché anche il maestro di matematica di mio figlio Simone si chiamava così.

Beppe Volpe È tutto quello che ha da dirci?

Cecco Tumminello No, questi due testimoni sono solo un piccolo anticipo. Sulla mia lista ho ancora i nomi di altri due testimoni. Ma li tengo di riserva perché non si sa mai cosa potrà venire in mente alla polizia per crearmi dei problemi.

Astolfio Bongo Passiamo alla nostra storia. Hai ucciso Montanari perché era il tuo concorrente più pericoloso o per qualche altro motivo? Per soldi per esempio.

Cecco Tumminello Impossibile per soldi, commissario. Montanari era povero in canna. La persona che ha ucciso Montanari non ha fatto certamente un affare. E poi io non sparerei mai a una persona da vicino con una colt. Con un buon fucile si può colpire comodamente da lontano.

Beppe Volpe passa il dito sulla scrivania di Cecco e non trova tracce di polvere; sul tavolo della cucina vede un mazzo di rose rosse pronte a essere messe nell'acqua.

Beppe Volpe Per chi sono quelle rose?

Cecco Tumminello Per Marilisa Tommasi, la mia futura moglie. Sono innamorato di lei e la voglio sposare.

Beppe Volpe Bene, tanti auguri! Ma avrei un'altra domanda per lei, signor Tumminello: quanto tempo è mancato da casa?

Cecco Tumminello Solamente due settimane. Ero con Marilisa sull'isola d'Elba fino a un'ora fa, le ho detto.

Beppe Volpe Ci dispiace doverla contraddire, signor Tumminello. Ci sono almeno due elementi in questa storia che ci obbligano a portarla alla Centrale.

Astolfio Bongo No, Volpe, gli elementi non sono due ... *(pausa)* ... per me sono almeno tre!

Svolgi l'esercizio che segue che ti aiuterà a trovare la soluzione

A. *Indica con una crocetta chi dice le frasi riportate qui sotto.*

1. Sei semplicemente accusato di omicidio.

Bongo	Volpe	Tumminello
❏	◯	☆

2. ...io non sparerei mai a una persona da vicino con una colt.

❏	◯	☆

3. Ero con Marilisa sull'isola d'Elba fino a un'ora fa,...

❏	◯	☆

4. Ci sono almeno due elementi ... che ci obbligano ... a portarla alla Centrale.

❏	◯	☆

5. Non sappiamo ancora con quale arma hai ucciso il Montanari, ...

❏	◯	☆

6. ... È un uomo di 86 anni ... impiegato in una fabbrica d'armi...

❏	◯	☆

7. Quanto tempo è mancato da casa?

❏	◯	☆

8. No, ... gli elementi non sono due ... sono almeno tre!

❏	◯	☆

B. *A proposito dell'isola d'Elba...*

– Sai dove si trova?
– Con quale mezzo di trasporto Tumminello torna a Milano?
– Quanto tempo impiega?
– Ti pare possibile?

Adesso rifletti. Hai trovato gli elementi sospetti? Sono due, ...oppure sono tre?

PERSONAGGI
ASTOLFO BONGO commissario di polizia
BEPPE VOLPE agente di polizia
LO STRANGOLATORE DELLA NOTTE
ROMANO SQUILLO un banchiere

Hanno visto lo strangolatore della notte strisciare dietro il muretto della Centrale della polizia. Portava un mantello nero col cappuccio alzato. Aveva uno sguardo disperato, le labbra strette in crisi di astinenza. Come se da molto tempo non strangolasse più una donna e finalmente ne avesse avvistata una nelle vicinanze. I due bambini sugli undici anni che l'hanno visto coi loro occhi in via Garibaldi, hanno riferito che lo strangolatore è entrato nella casa del banchiere Romano Squillo. Bisogna prenderlo prima che sia troppo tardi. Bongo, che ama la pace, preferirebbe non avere a che fare con lo strangolatore della notte e pensa di farlo arrestare solo dall'agente Beppe Volpe.
Anche Volpe esita, ma sa che si deve intervenire subito prima che spunti la luna piena. Lo strangolatore ha commesso i suoi ultimi tre omicidi al chiaro di luna. Alla fine i due poliziotti salgono assieme sulla vecchia Fiat Ritmo rossa di Bongo e partono. Silenzio sulle strade. Le porte e le finestre del quartiere dello stadio Meazza di Milano sono chiuse. La cattura dello strangolatore è molto importante soprattutto per l'incolumità degli abitanti. Quando i due arrivano al parco «Angelo blu», Bongo scorge davanti alla villa del banchiere Romano Squillo un uomo avvolto da un mantello nero e la testa nascosta da un cappuccio, che alla vista della vecchia Fiat Ritmo rossa, allunga il passo. Visto di spalle, quell'uomo sembra che stringa al petto un oggetto molto lungo. Se è lo strangolatore, sicuramente non trasporterà un bambino che dorme. Avrà un mitra nascosto o stringerà tra le braccia l'ultima preda da seppellire? Bongo si mostra molto preoccupato. Per di più, mentre la Fiat Ritmo oltrepassa il cancello, un gatto nero gli attraversa la strada. Mancava poco che il gatto rimanesse sotto le ruote dell'auto. Bongo è superstizioso: — Accidenti quanta sfortuna oggi! *esclama.*
BEPPE VOLPE (*preoccupato*) Di che sfortuna sta parlando, commissario?

Bongo non vuole scoprire le sue debolezze e cambia tono:
— La sfortuna di incontrare lo strangolatore armato!
Poco dopo i fari della Fiat Ritmo illuminano ancora una volta la figura con il cappuccio nero e i due scoprono, con un sospiro di sollievo, che non si tratta dello strangolatore, ma di un povero immigrato di colore, che sta trasportando un materasso sotto un albero per farsi il letto e dormire gratis. Il parco è grande e nel buio della notte, molte strane ombre di uomini e di donne in minigonna, si stanno muovendo sotto gli ippocastani.
VOLPE Debbono essere molto resistenti questi poveretti per dormire
     fuori con questo freddo.
I due poliziotti attraversano in macchina il grande parco «Angelo blu» fino alla residenza di Squillo. Bongo rimane in macchina, nascosto da un ippocastano e Volpe suona il campanello. Viene ad aprire Squillo in persona, anche lui avvolto in un mantello nero e la testa incappucciata. «Eppure il carnevale è finito da un pezzo!» dice Bongo tra sé, mentre aspetta sotto l'ippocastano con la pistola in mano. Il banchiere Romano Squillo ha una voce cordiale e gentile:
— Oh, che bella sorpresa, signor Volpe, qual buon vento la porta
     qui? E dove si trova il commissario Bongo? Entri pure!
Volpe spiega il motivo della sua visita. Nel salotto si sta molto bene. Il riscaldamento elettrico mantiene la temperatura della stanza a 20 gradi. «Finalmente un po' di caldo» dice tra sé Volpe.
Squillo inizia a parlare con molta calma:
— Non conosco e non ho mai visto alcuno strangolatore. Ieri sera
     non ero neppure a Milano. Mi trovavo a Napoli e sono arrivato
     pochi minuti prima di lei, l'ho visto arrivare con la sua caffettie-
     ra... con quella simpatica Fiat Ritmo, volevo dire. Appena ho
     riattaccato la corrente elettrica, lei ha suonato il campanello.
     Sono stato via da Milano per più di tre settimane. Ho trascorso
     un periodo di riposo nella casa di campagna di mio cugino Ra-
     miro Spampinato. Gli telefoni pure e si accorgerà lei stesso che
     sto dicendo la verità. Ma oggi, signor Volpe, sono di buon umo-
     re. Beviamo un whisky, se vuole!
Squillo versa una buona dose di whisky nel bicchiere di Volpe e corre in cucina a prendere qualche cubetto di ghiaccio. Poi lo prega di aspettare un po' perché vuole andare a prendere dei salatini. Ma mentre Beppe Volpe aspetta, Squillo tenta di scappare dal garage con la sua Mercedes bianca. Per fortuna fuori c'è Bongo, che gli si para davanti con la sua vecchia Fiat Ritmo.

— Non si muova, — *gli intima Bongo* — altrimenti sparo! — *Bongo spara sul serio un colpo. Ma in aria. Appena sente lo sparo, Volpe salta dalla finestra del salotto in aiuto di Bongo.*
I due immobilizzano Squillo e con grande sorpresa trovano nel portabagagli della Mercedes bianca una ragazza legata mani e piedi e con la bocca imbavagliata con una salvietta bianca. Era lui, Romano Squillo, il terribile strangolatore della notte!

VOLPE Per fortuna la ragazza è ancora viva e non è riuscito a torcerle un capello!

La ragazza, una bionda di 22 anni, stanca e sfinita, gli si butta debolmente al collo e lo bacia:

— Grazie, mi ha salvato la vita! *Rivolgendosi a Bongo:* Grazie anche a lei!

VOLPE Sa, signorina, quante bugie mi ha raccontato Squillo prima di tentare di scappare con la Mercedes? Oltre ad essere un terribile strangolatore, è anche un bugiardo! Ma io ho capito subito che mentiva!

21

SVOLGI L'ESERCIZIO CHE SEGUE CHE TI AIUTERÀ A TROVARE LA SOLUZIONE

Volpe e Squillo, cosa fanno immediatamente prima e immediatamente dopo l'ingresso di Volpe in casa?
In base a quello che hai letto metti in ordine i fatti riportati qui sotto scrivendoli nella colonna giusta.

SQUILLO OFFRE UN WHISKY A VOLPE / IL RISCALDAMENTO È ACCESO / SQUILLO RIATTACCA LA CORRENTE ELETTRICA / SQUILLO TORNA DA NAPOLI / SQUILLO VA A PRENDERE IL GHIACCIO / NELLA STANZA FA CALDO

Quando Volpe entra in casa di Squillo

PRIMA	DOPO

Dunque Volpe capisce subito che Romano Squillo sta mentendo, infatti se lui, come dice, avesse appena riattaccato la corrente elettrica ...

PERSONAGGI
ASTOLFIO BONGO commissario di polizia
BEPPE VOLPE agente di polizia
ROMOLO TAVERNINI presunto assassino
GINO SCOTTI la vittima

La casa di campagna tra i pini di San Gimignano, la cittadina vicina a Siena, è molto bella. Per Gino Scotti purtroppo è diventata il suo ultimo rifugio tra i vivi. Adesso Gino giace tra le sue bottiglie di Chianti con la scritta D.O.C.G. (Denominazione di Origine Controllata e Garantita). Ma ora che Gino Scotti è morto, quel vino verrà bevuto da altri, non più dal suo padrone. Il suo amico Romolo Tavernini era venuto a chiamarlo per andare a pescare vicino Livorno, dove possiede una barca e l'ha trovato disteso sul divano azzurro abbracciato a una bottiglia. Ma Gino non era ubriaco. Non aveva bevuto nemmeno un bicchiere di vino prima dell'arrivo di Romolo. Nella disperazione si era abbracciato alla bottiglia e la morte l'aveva sorpreso in quella posizione. L'agente Beppe Volpe è convinto che ci sia un lato oscuro in questa faccenda. Si capisce, nel guardarlo, da come arriccia il naso. Astolfio Bongo invece, seduto in un angolo, fa finta di riflettere. Ma è probabile che pensi alla possibilità di stappare una bottiglia di vino.

VOLPE (*a Tavernini*) Ho sentito dire che lei è un bravo pescatore ...

TAVERNINI Proprio bravo no. Qualche volta ho fortuna, qualche altra, meno.

VOLPE ... e che andava spesso a pesca con Gino Scotti.

TAVERNINI Sì, andavamo tutte le domeniche al mare, a Livorno.

Mentre Beppe Volpe e Romolo Tavernini parlano, Bongo fa il giro della casa e scorge molte bottiglie di vino bianco, tutte messe in ordine sia in cantina che in salotto.

BONGO Il vino bianco è molto buono col pesce.

TAVERNINI Buono col pesce e anche come aperitivo. Il bianco di San Gimignano è molto conosciuto. Ma bisogna berlo finché è giovane.

BONGO Quindi Gino beveva molto vino bianco e magari si ubriacava.

TAVERNINI Si ubriacava anche di vino rosso. Dipendeva dalle serate. Però oggi Gino aveva bagnato le labbra solo con acqua minerale.

Quest'affermazione di Tavernini, che il suo amico Scotti abbia bevuto solo acqua minerale, potrebbe essere vera. Infatti né in salotto né in cucina si notano tracce di bottiglie di vino aperte.

VOLPE (*a Tavernini*) Ma lei, non tiene anche le chiavi di questa casa?

TAVERNINI Sì, le ho prese in consegna perché con Gino eravamo molto amici, oggi purtroppo le ho dimenticate nel mio garage. Quando sono arrivato qui con la mia Yamaha, ho bussato alla porta, ma nessuno mi ha risposto. «Gino sta dormendo», ho pensato, ed ho bussato ancora più forte.

VOLPE Non ha sentito niente mentre bussava? Un rumore, un odore, per esempio.

TAVERNINI Sì, mi ha colpito un odore stranissimo e molto penetrante che usciva dalle fessure. Mi sono tolto uno stivale, ho rotto il vetro della finestra e sono entrato.

La finestra è stata rotta sul serio. Fuori ci sono ancora molti pezzi di vetro.

BONGO E le stanze della casa, non erano piene del gas uscito dalla bombola in quel momento?

TAVERNINI Sì, ma dopo ho chiuso la bombola del gas in cucina e ho aperto la finestra per dare aria. Ho rischiato la vita, ma quando sono entrato il povero Gino giaceva già cadavere tra le sue amate bottiglie.

BEPPE VOLPE Lei pensa che possa essersi trattato di suicidio?

TAVERNINI Ne sono convinto. Il povero Gino veniva a volte assalito da crisi depressive, per questo venivo spesso a trovarlo, per aiutarlo.

Bongo si alza dalla sedia in cui s'era sprofondato e si aggiusta il berretto, segno che gli è venuta qualche idea. Si avvicina al fornello a gas e l'accende con un fiammifero. Prende la caffettiera, ci mette dell'acqua dentro e poi il caffè e la pone sulla fiamma azzurra del gas.

BONGO Adesso facciamo tre espressi. Per lei, caro Tavernini, lo prepareremo un po' più forte perché avrà ancora molte cose da dirci. Non più qui, ma alla Centrale.

BEPPE VOLPE Commissario, avrei ancora alcune domande da porre al nostro amico prima di portarlo alla Centrale. Non potrebbe prepararli più tardi i tre caffè?

BONGO E quando? Io non farei più nessuna domanda al nostro amico. Ormai so dove ha mentito.

VOLPE (*tra sé*) Benedetto capo, chissà cosa ti sta passando per la testa questa volta.

Svolgi l'esercizio che segue che ti aiuterà a trovare la soluzione

Le affermazioni che seguono non sono vere. Riscrivile correggendole in base a quello che hai letto.

a. Romolo Tavernini era il segretario di Gino Scotti.

_____

b. Dentro la stanza ci sono i pezzi del vetro che Tavernini ha rotto per entrare.

_____

c. Prima di morire Scotti si è ubriacato.

_____

d. Quando arrivano Bongo e Volpe la casa è ancora piena di gas.

_____

e. Bongo non può preparare il caffè perché il gas della bombola è finito.

_____

f. Il commissario è sicuro che Tavernini abbia detto la verità.

_____

Due particolari hanno tradito Tavernini. Quali?

7   VACANZE AL LAGO

PERSONAGGI
ASTOLFIO BONGO commissario di polizia
BEPPE VOLPE agente di polizia
CECCO TUMMINELLO presunto assassino
POMPEO GRIMALDI altro presunto assassino
GIANNI PERUZZI il morto

Astolfio Bongo è andato in vacanza sul lago di Como con sua moglie Adalgisa. Quando sta per fare il primo bagno, la Centrale gli comunica che proprio a circa duecento metri dalla spiaggia, c'è un difficile problema da risolvere. «Ancora una bella gatta da pelare» pensa Bongo. Meno male però che la Centrale di Milano è molto vicina, così può fare venire in suo aiuto il fedele agente Beppe Volpe. Se la moglie Adalgisa non fosse stata con lui a Como, forse Bongo avrebbe fatto venire in suo aiuto la poliziotta Loriana Lippi. Ma Lippi è troppo bella e farebbe arrabbiare seriamente la signora Adalgisa Bongo. Il problema che gli hanno comunicato è che Gianni Peruzzi, il direttore del locale «Il piacere» è stato ucciso davanti alla Banca del Lavoro e gli assassini non hanno lasciato nessuna traccia. I sospetti cadono su due vecchie conoscenze della polizia: Cecco Tumminello e Pompeo Grimaldi. Tumminello ha più di un delitto sulla coscienza, mentre Grimaldi è conosciuto perché nelle sue imprese usa con abilità il mitra mentre scappa in mezzo al traffico su una Vespa 150.
Per Cecco, un bandito con molta esperienza, venire interrogato da Bongo è come andare a una festa.

BONGO Allora Tumminello, hai saputo dell'omicidio di ieri?

CECCO No commissario! Quale omicidio?

BONGO Coraggio, Cecco. Lo sai che noi ti abbiamo sempre aiutato. Raccontaci come hai passato la giornata di ieri e ti lasciamo libero.

CECCO Devo dire di essere proprio sfortunato. Quando sono a Milano, vi incontro davanti al Duomo. A Como, vi incontro davanti al lago. Devo forse andare in Cina per non incontrarvi più?

BONGO Allora ieri eri a Milano?

CECCO No, caro commissario, ero sull'altra sponda del lago di Como. Sono andato a comprare per me e mia moglie del filetto e i funghi al mercato di Lecco. Dato che era una bella giornata di sole, ho fatto il giro del lago in macchina e verso le tre ero già a casa.

BONGO (*secco e deciso*) Che cosa hai fatto dopo il ritorno a casa?

CECCO Niente di speciale. Dopo aver parcheggiato l'auto davanti alla porta, sono andato a preparare il pranzo per me e mia moglie.

BONGO E che ricetta hai cucinato?

CECCO Spaghetti alla napoletana, quelli col sugo senza carne. Io non mangio carne, perché ho rispetto degli animali. Nemmeno mia moglie ne mangia.

BONGO Dunque tu saresti innocente?

CECCO Gliel'ho già detto commissario: io dell'omicidio di questo Peruzzi non so niente.

Beppe Volpe interroga nello stesso tempo Pompeo Grimaldi, che è arrivato sulla sua Vespa 150 (ma senza il mitra).

VOLPE Solo poche domande, signor Grimaldi e poi la lasciamo andare. Come ha trascorso la giornata di ieri?

POMPEO Sono stato a pranzo con due amici svizzeri, e siamo stati insieme quasi fino a sera. Poi mi sono ritirato a casa e non ho più messo fuori il naso fino a stamattina.

VOLPE Lei era da solo a casa stamattina?

POMPEO Devo proprio dirlo? Se me lo fa dire, avrò delle noie con mia moglie!

BONGO No, Grimaldi, non è necessario che lo dica. Ho abbastanza elementi per portare uno di voi alla Centrale.

SVOLGI L'ESERCIZIO CHE SEGUE CHE TI AIUTERÀ A TROVARE LA SOLUZIONE

Trova nel testo e trascrivi le risposte che Tumminello e Grimaldi hanno dato alle domande del commissario Bongo.

a. BONGO ... hai saputo dell'omicidio di ieri?

TUMMINELLO _____

_____

b. BONGO Allora, ieri eri a Milano?

TUMMINELLO _____

_____

c. BONGO ...dopo il ritorno a casa ...che ricetta hai cucinato?

TUMMINELLO _____

_____

d. VOLPE Come ha trascorso la giornata di ieri?

GRIMALDI _____

_____

_____

_____

e. VOLPE Lei era da solo a casa stamattina?

GRIMALDI _____

_____

Durante l'interrogatorio il commissario si è accorto che uno dei due sospetti ha mentito. Chi? Da cosa lo hai capito?

PERSONAGGI
ASTOLFIO BONGO commissario di polizia
BEPPE VOLPE agente di polizia
EVARISTO PELOSI infermiere
SABATINO BEVILACQUA il morto

Il commissario Astolfio Bongo arriva alla stanza numero 108 dell'ospedale dei Gladioli, svita il tappo di una bottiglia nera con un'etichetta scritta a mano e lo mette sotto il naso dell'agente Beppe Volpe. «Che schifo!» esclama Volpe. Anche Astolfio Bongo, dopo avere annusato la medicina pensa che nella vita sia meglio non avere mai malattie. Poi osserva:
— Finora un caso come questo non ci era mai capitato!
La vittima giace coricata sulla spalla destra come se dormisse, con tanti cuscini dietro alla schiena. Niente sangue, nessuna ferita.
Qualche minuto dopo i due poliziotti si trovano davanti l'infermiere Evaristo Pelosi, un uomo alto coi baffi spioventi come quelli di Volpe, ma un po' più rossicci, e i nervi d'acciaio. Evaristo (che parla molto lentamente) sembra davvero dispiaciuto della morte di Sabatino Bevilacqua:
— Curavo ormai da molti anni il Bevilacqua, che per me era diventato come un secondo padre. Il poverino, che era pensionato da appena due anni, non poteva respirare bene.
VOLPE Di che malattia soffriva il signor Bevilacqua?
EVARISTO Il suo cuore non batteva regolarmente. Noi chiamiamo questa malattia insufficienza cardiaca. Spesso la notte si alzava e apriva le finestre in cerca d'aria.
ASTOLFIO BONGO Ci parli un po' della vita di Sabatino Bevilacqua. Mi sembra di aver sentito altre volte questo nome.
EVARISTO Prima della pensione Sabatino era stato un poliziotto anche lui, proprio come voi due e non voleva perdere l'abitudine di cercare banditi dappertutto. Ne ha cercato qualcuno anche qui in ospedale, ma da noi naturalmente non ci sono banditi.
VOLPE (*a Pelosi*) E lei, come assisteva il Bevilacqua?
EVARISTO Quando stava molto male gli davo da bere un cucchiaino

di questo medicinale «Blopp» che lei vede nella bottiglia nera e in pochissimi minuti Sabatino si riprendeva per continuare le passeggiate e cercare i suoi amati assassini ...

ASTOLFIO BONGO ... e come dice lei, senza trovarne mai uno ...

EVARISTO ... perché cercava gli assassini sulla carta. Sabatino infatti leggeva molti libri gialli. Anche stamattina, quando ho notato che stava male, gli ho versato subito la sua dose di «Blopp» nel bicchiere e gliel'ho data.

VOLPE Come reagiva Sabatino dopo avere bevuto quella schifosa ... volevo dire, dopo aver bevuto quella medicina?

EVARISTO Non sempre lo faceva capire. Parlava poco con noi.

Beppe Volpe, senza perdere la calma, chiede gentilmente all'infermiere:
— È sicuro che non ci siano assassini in quest'ospedale?

Evaristo non si fa irritare e continua indisturbato il suo racconto:
— Il direttore dell'ospedale m'aveva raccomandato di curare bene il povero Sabatino. Quando questo pomeriggio si è alzato per prendere un po' d'aria sul balcone, io gli ho portato la medicina senza perdere un minuto. Tanto è vero che, per agire subito, non ho avuto il tempo di richiudere il tappo della bottiglia. Dopo che ha preso la medicina Sabatino si è girato verso la parete ed è rimasto come lei l'ha trovato, commissario: con tutti quei cuscini dietro la schiena. I cuscini glieli ho messi io, servivano a tenere il corpo dritto, per respirare meglio. Ho fatto il massaggio al cuore per rianimarlo. Poi ho chiamato lo specialista, ma non c'è stato nulla da fare. Se ne è andato senza dire nemmeno una parola. Mi ha fatto tanta pena, il povero Sabatino!

Astolfio Bongo ha visto l'elettrocardiogramma e pensa che l'uomo sia morto a causa della crisi cardiaca, ma è convinto che le cose non siano andate come sostiene Pelosi. Prima si consulta brevemente con l'agente Beppe Volpe, poi si rivolge all'infermiere Evaristo Pelosi.

ASTOLFIO BONGO Quello che lei ha detto ci fa pensare che lei abbia fatto qualcosa di strano. Ma se non vuole dircelo adesso, ce lo dirà sicuramente alla Centrale.

Beppe Volpe si mette al volante della vecchia Fiat Ritmo e dopo sette minuti scarica Evaristo Pelosi alla Centrale di polizia.

Indica con una crocetta quali delle azioni riportate qui sotto sono state compiute da Pelosi, quali da Bevilacqua e quali dal commissario Bongo.

Ha aperto la medicina e l'ha annusata

PELOSI	BEVILACQUA	BONGO
☐	○	☆

Si è sentito male ed è uscito a prendere un po' d'aria

☐	○	☆

Ha interrogato l'infermiere insieme all'agente Volpe

☐	○	☆

Ha messo dei cuscini dietro la schiena del malato e gli ha fatto il massaggio cardiaco

☐	○	☆

Si è girato su un fianco e non si è più mosso

☐	○	☆

Ha aperto la medicina e non ha avuto il tempo di richiuderla

☐	○	☆

L'agenteVolpe ha portato Pelosi alla Centrale per interrogarlo. Le domande riguarderanno in particolare due azioni che lui dice di aver compiuto. Quali?

PERSONAGGI
ASTOLFIO BONGO commissario di polizia
BEPPE VOLPE agente di polizia
PASQUALE ESPOSITO in arte TONY BAXTER pugile
TULLIO BARILLI il colpevole?

Bongo deve correre con Beppe Volpe alla palestra di via Solferino dove è avvenuto un delitto. Il cadavere di Pasquale Esposito, che in arte si faceva chiamare Tony Baxter, ancora in calzoncini corti e coi guanti da pugile, giace per terra in una pozza di sangue. Vicino al cadavere, Tullio Barilli si dispera come un bambino. Appena Bongo gli rivolge la parola, Tullio comincia a parlare:

— Tony Baxter era campione regionale dei pesi leggeri. Domenica doveva affrontare un incontro di qualificazione per le olimpiadi contro John Cartoccio.

VOLPE Quello che lei ci racconta è molto interessante, però noi siamo qui per raccogliere elementi sull'assassinio di Tony Baxter.

TULLIO BARILLI Sono io l'assassino! Pensavo che l'aveste già capito. Ma s'è trattato d'un bruttissimo incidente.

«Cominciamo bene», pensa Astolfio Bongo. «È la prima volta che l'assassino confessa un omicidio senza che glielo abbiamo domandato».

TULLIO BARILLI Giuro però che s'è trattato d'un maledetto incidente.

ASTOLFIO BONGO (*che scopre di conoscere bene Barilli e gli dà subito del tu*) Con te ho avuto a che fare già due volte. La prima te la sei cavata con due anni al fresco. La seconda volta con soli sette mesi. E ti avevamo aiutato perché avevi collaborato con la polizia. Ma questa volta presumo che per te la prigione durerà un po' più a lungo.

TULLIO BARILLI (*risponde quasi offeso*) Io piango sinceramente e voi mi parlate di prigione. Sapete che non ripeterò più gli stessi sbagli. E poi ...

ASTOLFIO BONGO ... e poi ... la polizia ha fatto uno sbaglio e i giudici ti hanno condannato, vero?

TULLIO BARILLI Visto che lei l'ha finalmente capito, commissario? Dunque, Tony si stava allenando con lo sparring partner per prepararsi all'incontro di domenica prossima contro il terribile John Cartoccio, detto Spaccamascelle.

VOLPE Conosco bene Cartoccio. Certo che tanto terribile non è. Lo batterebbe un chierichetto.

TULLIO BARILLI No, Spaccamascelle è invece il più crudele pugile del campionato. Mi sono dunque avvicinato a Tony e gli ho detto: «Restituiscimi i cento milioni che ti sei fregati dal contratto d'ingaggio. Secondo i patti la metà di quel denaro appartiene alla nostra società. E tu lo sai».

ASTOLFIO BONGO Che società avete fondato assieme?

TULLIO BARILLI «La Benefica». Essa aveva anche lo scopo di aiutare i bambini ammalati di leucemia.

VOLPE E Tony era d'accordo?

TULLIO BARILLI Sì, all'inizio era d'accordo, ma poi sa che ha fatto? Quando gli ho chiesto i soldi, si è arrabbiato. Si è lanciato contro di me come se avesse finalmente scoperto il responsabile dei suoi ultimi incontri persi. È sceso imbestialito dal ring e ha estratto la pistola di tasca per spararmi.

VOLPE Tony andava ad allenarsi con la pistola in tasca?

TULLIO BARILLI Nell'ultimo periodo sì. Forse aveva paura di aggressioni. Ho capito che voleva spararmi e mi sono difeso. Nella lotta è partito un colpo di pistola, uno solo che ha spedito il povero Baxter al creatore.

ASTOLFIO BONGO Quindi si tratta di un incidente ...

VOLPE ... e come sempre, ci hai detto la verità.

TULLIO BARILLI Ma certo. In prigione s'impara a dire la verità. Almeno io l'ho imparato.

VOLPE (a Tullio) Per me potresti essere innocente sul serio. Hai già passato due anni e sei mesi al fresco e Tony Baxter era un pugile terribile.

ASTOLFIO BONGO Per me invece sei colpevole. Ci sono due particolari in questa faccenda che non mi convincono. E questa volta, caro Tullio, si vede che due anni e mezzo di prigione non ti sono bastati per imparare a dire la verità. Ci vorrà un po' più di tempo.

IN BASE A QUANTO HAI LETTO, RISPONDI ALLE DOMANDE CHE SEGUONO.

a. Cosa indossava Tony Baxter quando è stato ucciso?

_____

b. Da chi è stato ucciso?

_____

c. Con quanti colpi di pistola è stato ucciso?

_____

d. Secondo il testimone, dove teneva la pistola Tony Baxter?

_____

Tullio Barilli dice che si è trattato di un incidente, ma il commissario Bongo non ci crede. E tu? Hai capito quali sono i due particolari che non convincono Bongo?

PERSONAGGI
ASTOLFIO BONGO commissario
LORIANA LIPPI agente di polizia
MARCO PORRELLO
FRANCESCA PALADINO la vittima

DORA LOVATI
TOMMASO SPINELLO
ANNALISA TORNATORI
ANTONIO BANDINI

Alle ore 16, dopo sei lunghe ore, ha finalmente smesso di nevicare. Dopo un'ora circa la neve fresca è molto soffice e la pista non è ancora preparata. Marco Porrello è un fanatico della neve e vuol provare lo stesso. Esce dall'albergo Edelweiss, si mette gli sci e inizia a sciare con fatica. Non percorre nemmeno cinquanta metri che urta contro una specie di tronco d'albero e cade. Mentre sta per alzarsi, lo distrae un metallo lucido che brilla sotto un debole raggio di sole. Si tratta di una collanina d'oro. Porrello affonda la mano per prenderla e scopre di avere urtato poco prima con gli sci non contro un tronco d'albero, ma contro il corpo di una donna sui venticinque anni. Grande è la sua sorpresa quando scorge che si tratta di Francesca Paladino, una delle più belle modelle della ditta Pucci di Firenze. Come sia arrivata sotto quello strato uniforme di neve, è un mistero. Porrello dapprima esita davanti al cadavere: — Come convincerò i poliziotti che non sono stato io?
Poi avverte Bongo che, come lui, ha pernottato nello stesso Edelweiss, l'unico albergo della zona:
— Un cadavere, commissario! Ad appena cinquanta metri da qui! Dovrebbe trattarsi della bellissima Francesca Paladino di Firenze. La modella di Pucci, sa.
BONGO (*tra sé*) Nemmeno sulle piste di Madonna di Campiglio si può stare in pace! (*poi con calma verso Porrello*) Come si può raggiungere il cadavere da qui?
PORRELLO Può arrivarci con la slitta.
BONGO (*preoccupato*) E come risalgo?
PORRELLO Chiamo gli altri ospiti dell'Edelweiss e la tireremo su.
BONGO Ma siete veramente capaci di tirarmi su? E se non ci riuscite?
Per Bongo è difficile raggiungere il cadavere a piedi. Innanzitutto non sa sciare e se vuole camminare, affonda nella neve. Diciamo che Bon-

go non è mai stato un fanatico delle piste come Porrello. È stata la poliziotta Loriana Lippi a portarlo all'Edelweiss. «Vedrà che imparerà, commissario», gli aveva detto. «E poi lassù sull'Edelweiss ci sarà poca gente». «Per forza, con quei prezzi, bisogna essere matti per andarci», aveva brontolato tra sé Bongo. La sua prima reazione è in questo momento quella di far venire lassù la polizia scientifica da Milano, ma gli dicono che sarebbe impossibile salire fino all'Edelweiss con la neve così alta.

Bongo tira fuori il cannocchiale dalla valigia e si mette ad osservare la pista dalla finestra del salone dell'Edelweiss:

— Da qui si vede uno scarpone da sci rosso della povera Paladino. È proprio lei! Adesso bisogna andare subito.

Loriana Lippi e Marco Porrello si siedono a cavalcioni sulla slitta e poi mettono Bongo in mezzo a loro per non farlo spaventare. Bongo chiude gli occhi per la paura e assieme a Loriana e Marco lascia che la slitta scivoli lentamente fino al cadavere. I tre possono solo costatare che la povera Francesca Paladino è stata uccisa con un colpo di pistola al cuore. L'assassino non dovrebbe trovarsi molto lontano. All'Edelweiss alloggiano solo: Antonio Bandini, Dora Lovati, Tommaso Spinello, Annalisa Tornatori, Marco Porrello più Bongo e Loriana che fanno sette persone. Nei dintorni non esistono altri alberghi. Il più vicino, Il cavallino rosso, si trova a due chilometri di distanza. Prima che si rendano praticabili le piste e l'assassino faccia perdere le tracce, si dovrebbe cominciare subito con le indagini. Vengono interrogati i cinque ospiti dell'albergo.

Prima domanda di Bongo e Loriana:

— Quando ha visto l'ultima volta Francesca Paladino?

Ecco le risposte.

Antonio Bandini Forse erano le due e mezzo del pomeriggio. Francesca pressava la neve con una pala perché voleva costruirsi un pupazzo di neve. «Cercherò di fare un uomo più bello di te, ma sarà difficile» mi ha detto con voce scherzosa. Era sempre allegra la povera Francesca!

Dora Lovati L'ho incontrata verso le tre davanti al suo pupazzo di neve. Le ho domandato se aveva un fidanzato, ma lei mi ha risposto che ne stava costruendo uno ideale con le sue stesse mani. Povera Francesca!

Tommaso Spinello Sono rientrato nella camera dell'albergo alle 3.50 del pomeriggio senza vedere proprio nessuno. Poi sono rimasto seduto a vedere la partita di calcio alla televisione, che era cominciata alle quattro. Giocava la Juventus di Torino contro l'Inter di Milano. Una bella partita con un goal della Juve segnato già al secondo minuto di gioco! Dopo il primo gol mi sono alzato e dalla finestra ho visto la signora Francesca Paladino dirigersi a valle sugli sci. Saranno state le 4.05.

Alle 4 e due minuti è uscita dall'albergo Annalisa Tornatori che fino a quell'ora non era rimasta in camera. Annalisa dichiara: — Non ho visto niente perché sono miope.

Marco Porrello Io ho fatto la scoperta del cadavere sotto la neve alle 5.12 ed ho avvertito subito il commissario.

Loriana Nessuna risposta finora è apparsa compromettente per i cinque ospiti dell'albergo. Bisogna cominciare a interrogare i camerieri.

Bongo Non c'è bisogno, Loriana. Mi dispiace doverti contraddire. L'assassino o l'assassina si trova tra questi cinque. L'ho capito da un particolare.

SVOLGI L'ESERCIZIO CHE SEGUE CHE TI AIUTERÀ A TROVARE LA SOLUZIONE

Completa lo schema ricavando le informazioni dal testo.

A CHE ORA...?	ALLE ...
Inizia a nevicare	10.00
Antonio Bandini vede Francesca Paladino che vuole costruire un pupazzo di neve	
Dora Lovati vede Francesca Paladino vicino al pupazzo di neve	
Tommaso Spinello rientra in albergo	
Smette di nevicare	
Annalisa Tornatori esce dall'albergo ma non vede niente	
Tommaso Spinello vede Francesca Paladino che sta sciando	
Marco Porrello trova il cadavere di Francesca Paladino sepolto dalla neve	

Rileggi attentamente la prima parte del racconto e rifletti.
A che ora, secondo te, è stata uccisa Francesca Paladino?
Se hai risposto a quest'ultima domanda, allora avrai già capito che qualcuno ha mentito. Chi?

PERSONAGGI
MARIA FALCONI detta Mary
ONORIO PALADINO FALCONI padre di Mary
CAMILLA BUSONI detta Milly
GIOVANNI COCOMERO detto Johnny
DUE BANDITI

La ragazza fumava con una gamba accavallata sopra l'altra. Aveva 19 anni, era un po' rotondetta. Portava un abito scuro di taglio classico. Una di quelle ragazze cresciute in famiglie che hanno tutto e che quando ti sorridono sembra che lo facciano per compatirti. Si chiamava Maria Falconi, ma per quella strana abitudine che ha a volte la borghesia di Milano di americanizzare i nomi, la chiamavano Mary. Il padre, Onorio Paladino Falconi, era un ricco industriale di tessuti.

La storia comincia quando Mary e Milly, anche questo nome è l'americanizzazione di Camilla Busoni, che i compagni di scuola chiamavano Camomilla, incontrano Giovanni Cocomero, detto Johnny, nel vagone di prima classe del treno che da Losanna parte alle 15.02 e arriva a Milano alle 18.30. Erano esattamente le 15.05 quando Johnny inizia un colloquio in francese con le due ragazze. Lui porta i baffi spioventi, non perché è il tipo adatto a portarli, ma la moda è così e senza quei baffi, niente ragazze. Riportiamo la sua prima frase:

— Eh, signorine, che ne direste se mi facessi crescere anche un po' di barba?

MILLY (per nulla sorpresa) E perché lo domandi a noi e non al controllore?

Dopo tante frasi d'approccio alla maniera degli svizzeri, come «Il tempo ieri non era così bello come oggi, forse domani pioverà meno» e altri giri a vuoto, i tre – che adesso parlano italiano – scoprono d'avere un punto in comune nella musica. Mary, forse perché Johnny insiste o forse per vincere la concorrenza di Milly che fa già gli occhi dolci, comincia ad aggiustarsi i riccioli con la destra tenendo uno specchietto rotondo con la sinistra e inizia a cantare l'aria del Rigoletto, atto secondo:

«Tutte le feste al tempio
mentre pregava Iddio ...»

che è nella situazione dove Gilda dice al padre Rigoletto che un giovane bello e fatale le ha fatto la corte in chiesa e lei se n'è innamorata. Alle ore 16.30 il treno è già nella galleria del Sempione, quando s'apre improvvisamente la porta dello scompartimento e non è il controllore stavolta che viene a pregare Mary di stare zitta per non svegliare i passeggeri, ma due spaventose figure con il volto coperto da una calza di nylon e le pistole puntate. Mary resta con la sua bocca di soprano aperta per lo spavento e non riesce a chiuderla subito. La prima reazione di Johnny Cocomero è quella di nascondersi sotto un sedile dello scompartimento, ma quando s'accorge che non gli è possibile, resta di marmo davanti ai due banditi che l'alleggeriscono dell'orologio e del portamonete con dentro 12 franchi e 35 centesimi. Poi, dato che i banditi non si mostrano contenti di quella misera somma e dell'orologio di plastica che Cocomero s'era comprato quattro anni prima in un grande magazzino, senza dire una parola gli mollano uno schiaffo e lo mettono a sedere.
(Continua).

Svolgi l'esercizio che segue

In base a quanto hai letto, scegli l'aggettivo che ti sembra più adatto a descrivere i personaggi della storia:

Mary è
- ❏ timida
- ❏ sfrontata
- ❏ appariscente

Milly è
- ❏ timorosa
- ❏ intraprendente
- ❏ riservata

Johnny è
- ❏ silenzioso
- ❏ spaccone
- ❏ coraggioso

Prima di proseguire nella lettura della seconda parte della storia, fermati a riflettere.

Cosa pensi che succederà a questo punto?

Secondo te in che modo reagirà Johnny Cocomero?

I banditi riusciranno a derubare i tre?

12 IL SOPRANO CHE VIENE DALLA SVIZZERA
SECONDA PARTE

PERSONAGGI
ASTOLFIO BONGO commissario di polizia
BEPPE VOLPE agente di polizia
MARIA FALCONI detta Mary
ONORIO PALADINO FALCONI padre di Mary
CAMILLA BUSONI detta Milly
GIOVANNI COCOMERO detto Johnny
DUE BANDITI

Milly cerca di fare gli occhi dolci ai due banditi. Vuole forse usare l'arma della seduzione perché se li immagina belli e coraggiosi, o forse perché ha capito che da Johnny Cocomero non c'è da aspettarsi protezione di nessun tipo. I due però non scherzano e le strappano di mano la borsetta senza tanti complimenti. Milly, ostinata nella parte della seduttrice, trova persino il coraggio di fare la spiritosa:
— Come mai avete tanta fretta? Non volete fermarvi un po' con noi?
Alla stazione di Domodossola i due fanno perdere le loro tracce, dimenticando di portare con sé la borsetta di Milly. I tre compagni di viaggio si recano al commissariato di polizia. Milly ci va contro voglia e dice a Johnny e Mary:
— Vi accompagno al commissariato per farvi un piacere, visto che spontaneamente non ci verrei nemmeno se i due banditi mi avessero rubato un miliardo di lire.
Quando il gruppo arriva al commissariato, Astolfio Bongo si fa trovare seduto sul suo nuovo divano di velluto mentre fuma un sigaro. Il gruppo entra in fila, uno alla volta. Per prima si presenta Mary Falconi, la più ricca del gruppo, e per ultimo Johnny Cocomero che, intimidito com'è, spera di non dover aprire bocca.
MARY Commissario, ci hanno derubato sul treno Losanna-Milano. Stavamo parlando del più e del meno tra noi, quando sono arrivati dei banditi con la pistola in pugno che, senza dire una parola ci hanno portato via tutti i soldi.
Johnny Cocomero, malgrado i suoi propositi di non parlare, prende poco a poco coraggio e interviene dicendo:— Commissario, uno dei

banditi mi ha rubato un orologio d'oro, ricordo di mio padre e il portafoglio pieno di soldi. C'era dentro anche la mia patente di guida: adesso non potrò più guidare per molti giorni.
Poi, rivolgendosi galantemente a Mary:
— Peccato che abbiano interrotto la nostra conversazione. L'aria del *Rigoletto* di Rossini che mi stavi cantando era così bella ...! Purtroppo non so guidare, altrimenti avremmo potuto noleggiare una macchina e continuare il nostro viaggio fino a Milano.
L'agente di polizia Beppe Volpe sta seduto dietro la scrivania e tiene il telefono con la mano sinistra mentre con la destra prende nota su un foglio di carta. Si accende una sigaretta e pone una domanda:
— Quanti erano i banditi?
MILLY Erano in tre, tutti con un forte accento tedesco. Ci hanno rubato le borsette e tutti gli oggetti di valore.
JOHNNY Sì, erano in tre. Per un bandito solo questa impresa sarebbe stata impossibile, ma anche per due sarebbe stata difficile, perché c'ero io con le ragazze.
BONGO Ma gentili signorine e gentile signore, ci sono alcuni dettagli che non vanno nelle vostre dichiarazioni. Lei giovanotto ci ha mentito, ma le sue sono bugie innocue, dettate solo dalla sua vanità, che è grande quanto la sua ignoranza in fatto di musica. Invece lei, signorina Busoni, deve spiegarci un paio di cosette. Mi sembra evidente che lei abbia qualcosa da nascondere. Forse ha voluto giocare un brutto tiro alla sua ricca amica.

Svolgi l'esercizio che segue che ti aiuterà a trovare la soluzione

Qui di seguito trovi riportate alcune delle dichiarazioni fatte da Johnny e da Milly. Rintraccia nel testo e trascrivi le frasi o le parti di frase che dimostrano che i due hanno mentito. Prendi in considerazione anche la prima parte della storia.

Johnny dice che	Invece...
i banditi gli hanno rubato un orologio d'oro	_____
l'orologio era un ricordo di suo padre	_____
gli hanno rubato un portafoglio pieno di soldi ...	_____
... e anche la patente di guida	_____

Milly dice che	Invece...
i banditi erano in tre	_____
tutti con un forte accento tedesco	_____
Hanno portato via le borsette a lei e a Mary	_____

A proposito di Johnny, il commissario dice:«La sua vanità è grande almeno quanto la sua incompetenza in fatto di musica!» A che cosa si riferisce? Chi è l'autore della musica del Rigoletto? Rossini o Verdi?

Personaggi
Astolfio Bongo commissario di polizia
Beppe Volpe agente di polizia
Sonia Baldi una signora

È estate e fa caldo e la maggior parte della gente prende il sole al mare o in piscina. Oggi il commissario Astolfio Bongo e il suo agente Beppe Volpe sono in servizio fino alle otto di sera e sono rimasti alla Centrale. Per fortuna c'è poco lavoro e Bongo trova il tempo di lavare la sua vecchia Fiat Ritmo. All'improvviso Beppe Volpe gli fa cenno dalla finestra che è arrivata una chiamata da via Toledo 2 dalla signora Sonia Baldi. I due partono subito sulla Fiat Ritmo ancora bagnata, perché la signora ha detto che si tratta di una caso urgente. Quando arrivano nell'appartamento, trovano la signora ancora in stato di choc.

Sonia Baldi Si è trattato d'uno scippo, commissario. Qualcuno mi ha rubato la borsetta nella quale avevo tutto lo stipendio di un mese e l'incasso di una giornata del negozio dove lavoro e poi è scappato su una Vespa 150 rossa.

Bongo e Volpe pensano subito al bandito Pompeo Grimaldi, quello con una cicatrice a forma di T sotto l'orecchio sinistro. Solo il Grimaldi ha saputo scappare alla polizia per tre volte su una Vespa 150 in mezzo al traffico. Sì, poi è stato arrestato, ma i soldi non sono stati più recuperati.

Bongo Signora, a quanto poteva ammontare la cifra che le è stata rubata?

Sonia Baldi Il mio stipendio è due milioni di lire, commissario. Io non guadagno molto. Lavoro come commessa alla boutique «Valentino». Ma l'incasso ammontava a quasi 10 milioni!

Volpe Per il verbale ci interessa sapere com'è successo il fatto.

Sonia Baldi Oggi stavo andando in banca a versare l'incasso e lo tenevo nella borsetta. Percorrevo la via Rosmini. Camminavo sul marciapiede destro tenendo con la mano destra la mia borsetta. La tenevo stretta, perché con tutti i ladri che ci sono in giro, è diventato molto pericoloso vivere in questa città. Era romantico in

quel momento passeggiare per via Rosmini. Sentivo il cinguetta-
re dei passeri e l'odore delle mimose. All'improvviso un uomo su
una Vespa rossa mi ha strappato la borsetta e se ne è andato più
veloce di come era arrivato.

VOLPE Può descriverci il ladro?

SONIA BALDI Sì, un uomo coi capelli rossi e grassi, che non si faceva
forse lo shampoo da mesi, con una cicatrice a forma di T sotto
l'orecchio sinistro. Veloce e deciso.

*Ormai il caso per Volpe può dirsi concluso. Perfino la descrizione del-
l'uomo e la cicatrice corrispondono alla figura di Pompeo Grimaldi.*

VOLPE Ha notato anche il numero di targa?

SONIA BALDI Prima di vedere sparire la Vespa su via Matteotti, ho visto il suo numero che cominciava con MI 26 e continuava con
tre altre cifre che non ho potuto leggere.

BONGO Ma non l'aveva visto o sentito il ladro mentre arrivava sulla
Vespa rossa?

SONIA BALDI Mi è venuto di dietro quasi silenziosamente il delin-
quente. Adesso, commissario,
mi faccia riempire per favore il
formulario perché devo avver-
tire il mio datore di lavoro e la
mia assicurazione.

BONGO Glielo riempiremo noi
stessi il formulario, signora. Ma alla Cen-
trale. Deve spie-
garci alcune cose.

Svolgi l'esercizio che segue che ti aiuterà a trovare la soluzione

Completa le frasi che seguono in base a quanto ha dichiarato la signora Baldi al commissario.

1. La signora Baldi ha visto il ladro
   a. in faccia, mentre stava arrivando ❑
   b. da dietro, mentre scappava ❑
   c. con il viso coperto, mentre la scippava ❑

2. La Vespa del ladro proveniva
   a. da destra ❑
   b. da davanti ❑
   c. da dietro ❑

3. La signora Baldi camminava con la borsa
   a. a sinistra ❑
   b. a destra ❑
   c. stretta al petto ❑

4. La signora Baldi ha potuto descrivere il ladro
   a. abbastanza accuratamente ❑
   b. in modo superficiale ❑
   c. facendo un grosso sforzo di memoria ❑

Ci sono due particolari che hanno convinto il commissario Bongo che la signora Baldi ha mentito. Sei riuscito ad individuarli?

PERSONAGGI
ASTOLFIO BONGO commissario di polizia
ADALGISA TROMBETTA moglie di Bongo
ZOE RAPAGNETTA una contadina

Adalgisa Trombetta, moglie di Astolfio Bongo, ha un reumatismo alla gamba destra e vuole essere portata alle Terme di Montecatini per curarsi. Un sabato il commissario Bongo si prende un congedo di tre giorni per accompagnarla all'albergo Astoria con la sua traballante Fiat Ritmo. Nel suo ufficio alla Centrale è rimasto l'agente di polizia Beppe Volpe.
A Montecatini la giornata è tiepida. Siamo sulle colline della campagna toscana e un leggero vento fa ondeggiare dolcemente le cime dei cipressi. Nei vigneti, contadini e ragazze dai capelli bruni trasportano l'uva nelle cantine. Adalgisa Trombetta (con un sospiro):
— Come sarebbe bello se avessimo dodici mesi di vacanze all'anno. Resterei con te in una di queste case coloniche ad ammirare il mondo da una finestra!
Per lo Stato, che qualche volta crede di fare il generoso, i commissari di polizia possono andare in pensione anche prima, se vogliono, ma Bongo vuole raggiungere il massimo dello stipendio – per lui a 63 anni – per potere ricevere poi una pensione un po' più alta. Ma non ha fretta di arrivare a 63 anni.
— A quell'età si avrà molto senno, dice, però i riflessi e l'astuzia saranno forse andati a passeggio. Meglio prendersi un po' di divertimento adesso.
Mentre moglie e marito parlano di queste cose, uno sparo, partito dalla parte destra della strada, sfiora la loro Fiat Ritmo in corsa.
ADALGISA Questi maledetti cacciatori sono dappertutto. Ci stanno scambiando per lepri, *dice un po' agitata.*
BONGO (*ironico*) O per cinghiali. Ce ne sono tanti in Toscana in questo periodo.
Dopo nemmeno un secondo, un altro sparo colpisce lo pneumatico anteriore destro della loro Fiat Ritmo, che questa volta rimane bloccata sulla strada. Bongo ed Adalgisa escono lentamente dall'auto. Lei è

ancora spaventata, si siede per terra e beve prima un sorso di rum e poi quasi tutta la bottiglia per rinfrancarsi, mentre lui, pistola in mano, tenta di inseguire un uomo improvvisamente sbucato dai cespugli, che si allontana su una Yamaha rossa. L'uomo scappa a tutta velocità su una stradina in mezzo ai campi, in direzione di una casa colonica. Poco dopo sparisce. Bongo spara tre colpi in aria con la sua pistola per attirare l'attenzione di qualche contadino. Un quarto d'ora dopo, assieme ad Adalgisa zoppicante (per il reumatismo), si trovano davanti alla porta della casa, ma uno strano rumore li fa sobbalzare. Per fortuna è solo un piccolo coniglio bianco che, scappato per la paura, s'infila nella sua gabbia. Si sente un odore forte di broccoli cotti a lungo. Lentamente s'apre una porta laterale, accompagnata da un cigolio e un «ihhh», un grido così acuto da far rizzare i capelli. Si tratta di un bambino di circa due anni con un ciuccetto in bocca, nudo di sotto, che appena vede Bongo e Adalgisa, rientra spaventato. Bongo segue il bambino e, senza volerlo, si trova nella stanza da pranzo con una porchetta preparata sul tavolo che sembrerebbe viva, se non lo guardasse immobile con una mela in bocca. La porchetta è fredda, perché era stata arrostita il giorno prima. Nel frattempo entra una contadina che prende in braccio il figlio spaventato, e resta sorpresa nel vedere il commissario con la pistola alzata. — Che volete? *grida terrorizzata.*
Bongo cerca di rassicurarla a bassa voce. La donna dice di chiamarsi Zoe Rapagnetta. Nel frattempo entra anche Adalgisa:
— Un uomo misterioso, mezz'ora fa, ha sparato sulla nostra auto e ha colpito lo pneumatico anteriore sinistro, e poi si è diretto di filato su una Yamaha rossa verso questa casa. L'avete visto?

Zoe Un uomo? Forse è lo spirito di mio marito. Io sono vedova da sette anni. Ed è da sette anni che non ho più a che fare con un uomo.

Bongo (*alla moglie*) Scusami cara, ma già da ora c'è un particolare che non mi convince. Inoltre devo correggerti. Infatti anche tu hai commesso un piccolo errore.

SVOLGI GLI ESERCIZI CHE SEGUONO CHE TI AIUTERANNO A TROVARE LA SOLU-
ZIONE

A. Rispondi alle domande che seguono.

1. Quanti colpi vengono sparati in tutto verso la macchina di Bongo?
2. Da quale direzione vengono sparati?
3. Quanti proiettili colpiscono l'automobile?
4. In quale punto precisamente viene colpita l'automobile di Bongo?

B. Trascrivi la frase detta dalla signora Adalgisa dopo essere entrata in casa di Zoe.

_____

_____

_____

Adesso confronta quanto detto dalla signora Adalgisa con i fatti esaminati qui sopra. Hai capito qual è l'errore che ha commesso?

C. Adesso completa le informazioni su Zoe in base a quanto hai letto.

Zoe Rapagnetta è _____, infatti suo marito è _____

da sette _____.

Vive da sola con suo _____, un bambino di _____ anni

e dice al commissario che è _____ più di _____ anni

che non ha a che fare con un _____.

Il commissario Bongo ha detto che c'è un particolare che non lo convince, hai capito di cosa si tratta?

PERSONAGGI
ASTOLFIO BONGO commissario di polizia
BEPPE VOLPE agente di polizia
ADALGISA TROMBETTA moglie di Bongo
ZOE RAPAGNETTA una contadina
DUE CARABINIERI

Astolfio Bongo continua ad interrogare la contadina:
— Lei, signora, ci ha detto gentilmente che lo spirito di suo marito è venuto a visitarla. Viene spesso questo spirito a casa sua?
ZOE Per fortuna molto raramente. Ogni volta che m'innamoro di un uomo, lo spirito arriva di sera con una pistola in mano e resta dietro alla porta fino alla mattina presto. Alla prima luce dell'alba se la fila, cioè scappa via con un rumore di Yamaha assordante. E questo regolarmente, da sette anni. Non ne posso più, commissario, cerchi di aiutarmi almeno lei!
Zoe è ancora una bella donna, ha il corpo piuttosto fine di una trentenne con trecce lunghe e occhi neri. Si rimbocca le maniche del suo pullover di lana verde, trema e piange nello stesso tempo. Bongo guarda la mela in bocca alla porchetta arrostita e s'incuriosisce sempre più. Cerca di mostrarsi rassicurante e continua con calma a porre delle domande a Zoe:
— Signora, quando lo spirito di suo marito arriva, gli dà da mangiare tutta la porchetta o ne mette da parte un pochino anche per lei?
Zoe muove gli occhi inquieti, ma accetta la provocazione di Bongo e anche lei si fa ironica senza perdere la calma:
— Dipende dall'umore delle visite che arrivano. Ma so che gli spiriti hanno lo stomaco delicato e mangiano poco. Lo spirito di mio marito per esempio, ha lo stomaco molto delicato.
— E a un bambino di nemmeno due anni, lei dà spesso caramelle al whisky? *domanda Bongo mentre osserva una caramella di marca svizzera rimasta sul pavimento.*
ZOE No, le caramelle fanno male ai denti. Non so chi ne abbia portate qui. Ma suppongo che appartengano allo spirito di mio marito. O, perché no, commissario? anche lei avrebbe potuto perderne una.

Improvvisamente si sente provenire, da un buco vicino al solaio, una voce cupa e misteriosa che scandisce lentamente ogni parola che pronuncia: — Tut–ti con le ma–ni in al–to se vo–le–te vi–ve–re mez-–z'ora di più del tem–po che vi ho con–ces–so!

Adalgisa, che è zoppicante alla gamba sinistra, è la prima a reagire. Ma per andare a nascondersi, col suo passo incerto, verso il bagno. La voce misteriosa, irritata, la blocca:

— Do–ve vuoi an–da–re a mo–ri–re, vec–chia stre–ga?

Bongo da parte sua riesce a nascondersi sotto il tavolo della porchetta con la mela in bocca e la voce misteriosa l'accompagna con una grande risata:

— Ah ah ah, che co–sa vuoi fa–re tu pan–cio–ne se–du–to là sot–to?

Vuoi co–stru–ir–ti il ni–do as–sie–me al–le due si–gno–re? Ah ah ah!

Zoe resta immobile col bimbo stretto al petto, il quale però non sembra essere molto impressionato dalla voce che evidentemente non gli sembra nuova e si succhia tranquillamente una caramellina al latte, non al whisky. Segue uno di quei silenzi di come quando sta per succedere qualcosa di terribile e si rimane con il fiato sospeso. Infatti subito dopo si sente un tonfo, come di una palla caduta dal soffitto. Però non è una palla, rimbalza sul tavolo e poi a terra rotolando verso un angolo della porta. Intravedendo la coda strisciante, Bongo riesce a capire che si tratta di un ratto solo un po' più piccolo di un cane pechinese. Vorrebbe inseguirlo istintivamente, ma sa che sarebbe pericoloso farlo, perché non ha ancora individuato da dove venga esattamente quella voce così misteriosa che lo minaccia dal solaio. Seguono altri attimi di silenzio che sembrano eterni, interrotti solo a tratti da un impercettibile cigolìo, dovuto alla finestra semiaperta mossa dal vento. Improvvisamente salta nella sala da pranzo un'ombra col mitra in mano. Con quel po' di luce si scorge che si tratta di un poliziotto con giubbotto antiproiettile e maschera antigas. Bongo non crede ai suoi occhi. Sono i movimenti di un uomo con i baffi spioventi di cui conosce ogni tic. A volte è il baffo destro a essere più corto, secondo la luna del barbiere, a volte il baffo sinistro, come in questo momento. — Fermi tutti sennò sparo sul serio! — *intima l'uomo muovendo il baffo più corto. Il bambino si mette ad urlare. Il poliziotto coi baffi spioventi s'abbassa sotto il tavolo verso Bongo, ma lo sparo di un mitra, partito dalla direzione del solaio, lo fa sobbalzare. Segue un vocìo:* — Oh, Bongo, che fa lei qui? Non era andato a curarsi i reumatismi? *Chiedono due voci in coro. Sono i poliziotti della squadra del* RAM, *la pattuglia di Bongo.* (continua)

SVOLGI L'ESERCIZIO CHE SEGUE

Prima di andare avanti, fermati a riflettere.

– Chi pensi che sia il poliziotto con i baffi?
– Cosa te lo ha fatto capire?
– Chi ha chiamato i poliziotti?
– Cosa pensi che succederà adesso?

Proseguendo con la lettura della terza parte della storia, potrai verificare se le tue ipotesi sono esatte.

PERSONAGGI
ASTOLFIO BONGO commissario di polizia
BEPPE VOLPE agente di polizia
ADALGISA TROMBETTA moglie di Bongo
ZOE RAPAGNETTA una contadina

ADALGISA (*rettifica con voce tremante*) No, sono io che ho i reumatismi e mio marito mi stava accompagnando a Montecatini per i fanghi. Poi sono stati sparati dei colpi che hanno colpito la ruota anteriore sinistra, pardon, destra della nostra Fiat Ritmo...

POLIZIOTTO (*coi baffi spioventi*) ... da un uomo che è scappato su una Yamaha rossa nei campi e che in questo momento è stato arrestato dagli uomini del commissario Astolfio Bongo!

BONGO Oh, Beppe Volpe, sei tu? Come hai fatto a seguirci fin qui?

VOLPE Niente di strano, commissario. La Centrale ci ha detto di non perdervi di vista, perché qualcuno vi voleva fare la pelle e noi vi abbiamo semplicemente seguiti. Tutto secondo le regole, commissario. Si trattava semplicemente di Gaspare il matto, il terrore della zona. L'abbiamo immobilizzato sul solaio. Era da tre mesi che vi faceva la corte. Voleva eliminarvi sul serio, marito e moglie assieme, per quella storia di due anni fa, quando lei l'aveva mandato al fresco per due anni.

BONGO Ma perché non mi avete avvertito di tutta questa operazione?

VOLPE Perché i colleghi della «Central Intelligence» non volevano allarmarla. E poi avrebbe potuto far insospettire Gaspare. Comunque, non ci sono stati morti né feriti in questa storia, ed è questo quello che volevamo. Quello che avrebbe voluto anche lei. Non è contento di essere vivo, commissario?

BONGO Diciamo ... che sono soddisfatto! Ma ci avete fatto prendere un bello spavento. Lo sapevate che Gaspare ci avrebbe sparato addosso?

Beppe Volpe, sorridente si liscia i baffi spioventi per la soddisfazione:
— Gaspare il matto non sa sparare come un professionista. E poi nel caricatore del suo mitra c'erano delle cartucce a salve. Ce le aveva messe la sua «amica» Zoe.

Astolfio Bongo rimane incredulo ma in un certo modo felice per lo scampato pericolo e s'asciuga il sudore freddo della fronte. È ancora pallido dallo spavento: — È stata proprio la signora a salvarci? — *chiede Bongo indicando Zoe col bambino in braccio.*

Beppe Volpe Sì, la signora Zoe è stata per anni la donna di Gaspare. Quando però ha saputo del suo progetto di eliminarvi, ha fatto finta di assecondarlo e poi si è rivolta a noi. Ha salvato la vita a lei e a sua moglie.

Bongo Sarà come dici tu, però, caro Beppe, in questa storia c'è almeno un dettaglio importante che non mi convince. E non si tratta di una cosa di poco conto!

Svolgi l'esercizio che segue che ti aiuterà a trovare la soluzione

Questa volta il caso non è stato risolto dal commissario Bongo, che ha rischiato invece di essere la vittima.

Malgrado tutto però lui, così attento ai particolari, si è accorto che qualcosa nel discorso di Volpe non quadra, qualcosa che poteva mandare all'aria il piano della polizia.

Qui sotto trovi alcune delle affermazioni fatte da Volpe. Ricostruisci le frasi mettendo in relazione la colonna A con la B.

A	B
La Centrale ci ha detto	eliminarvi sul serio
Gaspare il matto voleva	delle cartucce a salve
Non ci sono stati	di non perdervi di vista
Nel caricatore del suo mitra c'erano	la donna di Gaspare
La signora Zoe è stata	né morti né feriti in questa storia

Uno dei fatti riportati qui sopra non è vero. Rintraccia nel testo la frase che lo smentisce.

_____

_____

1. UN CADAVERE SOTTO IL CIPRESSO

    a. Se il signor Rossini si fosse suicidato, la pistola sarebbe stata vicino al cadavere.

    b. Se si fosse sparato in giardino in piena notte, come dice sua moglie, il corpo sarebbe stato coperto dalla neve.

    c. Se il messaggio d'addio fosse stato scritto da lui, probabilmente sarebbe stato scritto con il computer, non con la macchina da scrivere.

2. È STATA COLPA DI BEETHOVEN

  1. g. Frizzi va in cantina a prendere il vino.
  2. h. Scoppia un incendio a causa di una fuga di gas.
  3. l. Va via la corrente.
  4. b. Suona l'allarme antincendio.
  5. f. Carrera non sente l'allarme perché sta ascoltando la musica con le cuffie.
  6. i. Carrera muore nell'incendio.
  7. a. L'albergo Principe è completamente distrutto dal fuoco.
  8. c. I pompieri spengono l'incendio.
  9. d. Frizzi prende lo champagne dal frigorifero.
 10. e. Arriva il commissario Bongo insieme all'agente Volpe.

3. L'ULTIMA GIORNATA DI SONIA FIAMMINI

    1.a / 2.b / 3.c / 4.a / 5.c

4. ROSE ROSSE PER MARILISA

   A.

	BONGO	VOLPE	TUMMINELLO
1.	☑	○	☆
2.	☐	○	✷
3.	☐	○	✷

4.	☐ ☑	☆
5.	☑ ○	☆
6.	☐ ○	✸
7.	☐ ☑	☆
8.	☑ ○	☆

B. – L'isola d'Elba si trova al largo della costa della Toscana (in provincia di Livorno).
  – Tumminello dice di essere tornato a Milano in treno.
  – In base al suo racconto, Tumminello avrebbe impiegato all'incirca un'ora. Dice infatti :«Io sono stato sull'isola d'Elba fino a un'ora fa».

5. LO STRANGOLATORE DELLA NOTTE
Quando Volpe entra in casa di Squillo

PRIMA	DOPO
Squillo torna da Napoli	Squillo offre un whisky a Volpe
il riscaldamento è acceso	Squillo va a prendere il ghiaccio
Squillo riattacca la corrente elettrica	
nella stanza fa caldo	

6. LA BOMBOLA DEL GAS
a. Romolo Tavernini era un amico di Gino Scotti.
b. Fuori ci sono i pezzi del vetro che Tavernini ha rotto per entrare.
c. Prima di morire Scotti non aveva bevuto.
d. Quando arrivano Bongo e Volpe non c'è gas nell'aria.
e. Bongo può preparare il caffè perché nella bombola c'è ancora gas.
f. Il commissario è sicuro che Tavernini non abbia detto la verità.

7. VACANZE AL LAGO

CECCO TUMMINELLO
a.: —No, commissario. Quale omicidio?
b. —No, caro commissario, ero sull'altra sponda del lago di Como. Sono andato a comprare del filetto per me e mia moglie...
c. —Spaghetti alla napoletana, quelli col sugo senza carne. Io non mangio carne perché ho rispetto degli animali. Nemmeno mia moglie ne mangia.

POMPEO GRIMALDI
d. —Sono andato a pranzo con due amici svizzeri e siamo rimasti insieme quasi fino a sera. Dopo mi sono ritirato a casa e non ho più messo il naso fuori fino a stamattina.
e. —Devo proprio dirlo? Se me lo fa dire, avrò delle noie con mia moglie.

8. LA MORTE MISTERIOSA

Ha aperto la medicina e l'ha annusata

PELOSI	BEVILACQUA	BONGO
☐	○	☒

Si è sentito male ed è uscito a prendere un po' d'aria

☐	☒	☆

Ha interrogato l'infermiere insieme all'agente Volpe

☐	○	☒

Ha messo dei cuscini dietro la schiena del malato e gli ha fatto il massaggio cardiaco

☒	○	☆

Si è girato su un fianco e non si è più mosso

☐	☒	☆

Ha aperto la medicina e non ha avuto il tempo di richiuderla

☒	○	☆

9. L'OMICIDIO DI TONY BAXTER
a. Calzoncini corti e guanti da pugile
b. Da Tullio Barilli
c. Uno
d. In tasca

10. OMICIDIO SULLA PISTA DA SCI

A CHE ORA...?	ALLE ...
Inizia a nevicare	10.00
Antonio Bandini vede Francesca Paladino che vuole costruire un pupazzo di neve	14.30
Dora Lovati vede Francesca Paladino vicino al pupazzo di neve	15.00
Tommaso Spinello rientra in albergo	15.50
Smette di nevicare	16.00
Annalisa Tornatori esce dall'albergo ma non vede niente	16.02
Tommaso Spinello vede Francesca Paladino che sta sciando	16.02
Marco Porrello trova il cadavere di Francesca Paladino sepolto dalla neve	17.15

11. IL SOPRANO CHE VIENE DALLA SVIZZERA (PRIMA PARTE)
Mary è timida / Milly è intraprendente / Johnny è spaccone

12. IL SOPRANO CHE VIENE DALLA SVIZZERA (SECONDA PARTE)

JOHNNY DICE CHE	INVECE...
i banditi gli hanno rubato un orologio d'oro	i banditi si mostrano contenti... dell'orologio di plastica
l'orologio era un ricordo di suo padre	...che Johnny Cocomero si era comprato... in un grande magazzino
gli hanno rubato un portafoglio pieno di soldi ...	... portamonete con dentro 12 franchi e 35 centesimi.
... e anche la patente di guida	Purtroppo non so guidare...

MILLY DICE CHE	INVECE...
i banditi erano in tre	... due spaventose figure
tutti con un forte accento tedesco	... senza dire una parola.
Hanno portato via le borsette a lei e a Mary	... dimenticando di portare con sé la borsetta di Milly.

L'autore del Rigoletto è Verdi.

13. LO SCIPPO
1.b / 2.c / 3.b / 4.a

14. UNA STRANA STORIA (PRIMA PARTE)
A 1. Due
   2. Da destra
   3. Uno
   4. Allo pneumatico anteriore destro

B. «Un uomo misterioso, mezz'ora fa, ha sparato sulla nostra auto e ha colpito lo pneumatico anteriore sinistro, e poi si è diretto di filato su una Yamaha rossa verso questa casa. L'avete visto?»

C. Zoe Rapagnetta è vedova, infatti suo marito è morto da sette anni.Vive da sola con suo figlio, un bambino di due anni e dice al commissario che è da più di sette anni che non ha a che fare con un uomo.

14. UNA STRANA STORIA (SECONDA PARTE)
Troverai le soluzioni leggendo la terza parte del racconto.

16. UNA STRANA STORIA (TERZA PARTE)

A	B
La Centrale ci ha detto	di non perdervi di vista
Gaspare il matto voleva	eliminarvi sul serio
Non ci sono stati	né morti né feriti in questa storia
Nel caricatore del suo mitra c'erano	delle cartucce a salve
La signora Zoe è stata	la donna di Gaspare

L'affermazione falsa è: «Nel caricatore del suo mitra c'erano delle cartucce a salve».

1. Un cadavere sotto il cipresso

Se Giuseppe Rossini si fosse suicidato alle ore 22 della notte precedente, quando la signora Maria dice di aver sentito degli strani rumori, il suo corpo avrebbe dovuto essere coperto di neve; infatti ha nevicato dalle 20.30 alle 4.15 del mattino seguente.

Inoltre, la pistola si trova lontano dalla vittima.

Infine, probabilmente la signora Rossini non sa usare il computer, per questo ha usato la macchina da scrivere per preparare il finto messaggio di addio.

2. È stata colpa di Beethoven

A causa della fuga di gas è scoppiato l'incendio che ha causato l'interruzione della corrente elettrica. Tommaso Carrera non poteva ascoltare Beethoven con l'apparecchio stereo senza corrente. Probabilmente quando è suonato l'allarme lui era già morto.

3. L'ultima giornata di Sonia Fiammini

a) Il costume di Sonia Fiammini è asciutto, e così pure i capelli. Ambrogini dunque ha mentito quando ha detto che avevano nuotato insieme.

b) Ambrogini ha mentito anche sul tentativo di tamponare la ferita, la coperta infatti è pulita. Probabilmente è stata usata per coprire Sonia Fiammini dopo la sua morte.

4. Rose rosse per Marilisa

a) Cecco Tumminello ha detto: «Non sparerei mai a una persona da vicino con una colt».

Nessuno però gli aveva detto che Gianni Montanari era stato colpito da vicino con una colt.

b) L'uomo di 86 anni che viene indicato come testimone non può essere un impiegato ma, se mai, un pensionato.

c) Volpe non trova nessuna traccia di polvere dopo un'assenza di due settimane.

d) Dall'isola d'Elba a Milano non c'è solo un'ora di viaggio, ma almeno otto.

5. Lo strangolatore della notte

Squillo dice: «Appena ho riattaccato la corrente elettrica, lei ha suonato il campanello.» Ma la casa non si può riscaldare a 20 gradi, né il ghiaccio nel congelatore formarsi in così poco tempo.

6. La bombola del gas

a) Se i cocci si trovano fuori dalla finestra, significa che il vetro è stato rotto da dentro. Quindi Tavernini si trovava già dentro casa quando ha rotto il vetro.

b) Bongo accende il gas e mette su la caffettiera. Se la bombola del gas è ancora piena, vuol dire che non è uscito abbastanza gas da riempire tutta la casa. Ad uccidere Gino Scotti dunque non può essere stato il gas.

7. Vacanze al lago

Ha mentito Cecco Tumminello, che durante l'interrogatorio si contraddice più di una volta:

a) dice di non aver sentito di nessun omicidio («No, commissario. Quale omicidio?»), ma più avanti dice: »Io dell'omicidio di questo Peruzzi non ne so niente».

b) dice di essere andato a comprare del filetto per lui e la moglie, ma più avanti afferma che né lui né sua moglie mangiano carne.

8. La morte misteriosa

Pelosi ha mentito, infatti:

a) non può aver fatto il massaggio cardiaco a Bevilacqua se questi stava girato su un fianco, come l'hanno trovato.

b) all'inizio del racconto si legge che Bongo svita il tappo della medicina. Ma più avanti Pelosi dice che per fare in fretta non ha avuto il tempo di richiudere la bottiglia. Dunque, o Pelosi ha avuto il tempo di avvitare il tappo, oppure, com'è più probabile, non ha dato affatto la medicina a Bevilacqua e lo ha lasciato morire.

9. L'omicidio di Tony Baxter

Tullio Barilli ha mentito, infatti:

a) Tony Baxter non poteva allenarsi sul ring con una pistola in tasca, i pantaloncini da pugile non hanno tasche.

b) Tony Baxter non poteva aver impugnato la pistola se portava ancora i guantoni da pugile.

10. OMICIDIO SULLA PISTA DA SCI

Il corpo di Francesca Paladino viene trovato sotto uno strato di neve, quindi l'omicidio è avvenuto prima che smettesse di nevicare, alle 16.

Tommaso Spinello ha mentito quando ha detto di aver visto Francesca viva dopo il primo gol della Juventus, cioè dopo le 16.02.

11. IL SOPRANO CHE VIENE DALLA SVIZZERA (PRIMA PARTE)

In questa prima parte tutto si svolge regolarmente.

12. IL SOPRANO CHE VIENE DALLA SVIZZERA (SECONDA PARTE)

Milly ha mentito al commissario riguardo:

a) il numero dei banditi, che erano due e non tre.

b) l'accento dei banditi, che invece non hanno parlato affatto.

c) la borsetta che in realtà non le è stata rubata.

Mentre Johnny Cocomero mente per fare bella figura davanti alle ragazze, le bugie di Milly sono del tutto ingiustificate, a meno che lei non stia cercando di coprire gli autori della rapina.

13. LO SCIPPO

Sonia Baldi ha mentito, infatti:

a) ha detto che si trovava sul marciapiede di destra, che portava la borsetta con la mano destra e che lo scippatore è arrivato da dietro. In questo caso il ladro non avrebbe potuto strapparle la borsa, in quanto si sarebbe trovato alla sinistra della donna.

b) per la stessa ragione Sonia Baldi non può aver visto la cicatrice sotto l'orecchio sinistro dello scippatore.

14. UNA STRANA STORIA (PRIMA PARTE)

a) L'uomo che ha sparato non ha colpito lo pneumatico anteriore sinistro, come dice Adalgisa Bongo in un momento di confusione, ma il destro.

b) Zoe ha un bambino di due anni, che evidentemente non è figlio del marito, morto sette anni prima. La donna ha mentito quando ha affermato di non aver più avuto a che fare con un uomo da più di sette anni.

15. UNA STRANA STORIA (SECONDA PARTE)

In questa seconda parte si svolge tutto regolarmente.

16. UNA STRANA STORIA (TERZA PARTE)

Le cartucce di Gaspare il matto non erano a salve, come dice Volpe. Infatti in quel caso non avrebbero potuto danneggiare lo pneumatico della macchina di Bongo.
Il commissario ha corso un bel rischio!

INDICE

L'italiano per stranieri

Amato
Mondo italiano
testi autentici sulla realtà sociale
    e culturale italiana
libro dello studente
quaderno degli esercizi

Ambroso e Stefancich
Parole
10 percorsi nel lessico italiano
esercizi guidati

Avitabile
Italian for the English-speaking

Battaglia
Grammatica italiana per stranieri

Battaglia
**Gramática italiana para
    estudiantes de habla española**

Battaglia
Leggiamo e conversiamo
letture italiane con esercizi
    per la conversazione

Battaglia e Varsi
Parole e immagini
corso elementare di lingua italiana
    per principianti

Bettoni e Vicentini
Imparare dal vivo*
lezioni di italiano - livello avanzato
manuale per l'allievo
chiavi per gli esercizi

Buttaroni
Letteratura al naturale
autori italiani contemporanei
    con attività di analisi linguistica

Cherubini
L'italiano per gli affari
corso comunicativo di lingua
    e cultura aziendale
manuale
1 audiocassetta

Diadori
Senza parole
100 gesti degli italiani

Gruppo META
Uno
corso comunicativo di italiano per
    stranieri - primo livello
libro dello studente
libro degli esercizi e sintesi
    di grammatica
guida per l'insegnante
3 audiocassette

Gruppo META
Due
corso comunicativo di italiano per
    stranieri - secondo livello
libro dello studente
libro degli esercizi e sintesi
    di grammatica
guida per l'insegnante
4 audiocassette

Gruppo NAVILE
Dire, fare, capire
l'italiano come seconda lingua
libro dello studente
guida per l'insegnante
1 audiocassetta

Humphris, Luzi Catizone, Urbani
Comunicare meglio
corso di italiano - livello intermedio-
    avanzato
manuale per l'allievo
manuale per l'insegnante
4 audiocassette

Istruzioni per l'uso dell'italiano in classe 1
88 suggerimenti didattici per attività comunicative

Istruzioni per l'uso dell'italiano in classe 2
111 suggerimenti didattici per attività comunicative

Maffei e Spagnesi
Ascoltami!
22 situazioni comunicative
manuale di lavoro
2 audiocassette

Marmini e Vicentini
Imparare dal vivo*
lezioni di italiano - livello intermedio
manuale per l'allievo
chiavi per gli esercizi

Marmini e Vicentini
Ascoltare dal vivo
manuale di ascolto - livello intermedio
quaderno dello studente
libro dell'insegnante
3 audiocassette

Paganini
issimo
quaderno di scrittura - livello avanzato

Quaderno IT – n. 1
esame per la certificazione
dell'italiano come L2 -
livello avanzato
volume + audiocassetta

Radicchi e Mezzedimi
Corso di lingua italiana
livello elementare
manuale per l'allievo
1 audiocassetta

Radicchi
Corso di lingua italiana
livello intermedio

Radicchi
In Italia
modi di dire ed espressioni
idiomatiche

Spagnesi
**Dizionario dell'economia
e della finanza**

Totaro e Zanardi
Quintetto italiano
approccio tematico multimediale -
livello avanzato
libro dello studente
quaderno degli esercizi
2 audiocassette
1 videocassetta

Urbani
Senta, scusi...
programma di comprensione auditiva
con spunti di produzione libera
orale
manuale di lavoro
1 audiocassetta

Urbani
Le forme del verbo italiano

Verri Menzel
La bottega dell'italiano
antologia di scrittori italiani
del Novecento

Vicentini e Zanardi
Tanto per parlare
materiale per la conversazione -
livello medio avanzato
libro dello studente
libro dell'insegnante

Bonacci editore

Classici italiani per stranieri

testi con parafrasi * a fronte e note

1. Leopardi • *Poesie**
2. Boccaccio • *Cinque novelle**
3. Machiavelli • *Il principe**
4. Foscolo • *Sepolcri e sonetti**
5. Pirandello • *Così è (se vi pare)*
6. D'Annunzio • *Poesie**
7. D'Annunzio • *Novelle*
8. Verga • *Novelle*
9. Pascoli • *Poesie**

10. Manzoni • *Inni, odi e cori**
11. Petrarca • *Poesie**
12. Dante • *Inferno**
13. Dante • *Purgatorio**
14. Dante • *Paradiso**

in preparazione:

Goldoni • *La locandiera*

Libretti d'opera per stranieri

testi con parafrasi a fronte e note

1. *La Traviata*
2. *Cavalleria rusticana*
3. *Rigoletto*

4. *La Bohème*
5. *Il barbiere di Siviglia*

Letture per stranieri

1. Marretta
Pronto, commissario! 1
16 racconti gialli con soluzioni
ed esercizi per la comprensione
del testo

2. Marretta
Pronto, commissario! 2
16 racconti gialli con soluzioni
ed esercizi per la comprensione
del testo

Bonacci editore

Linguaggi settoriali

Dica 33
Il linguaggio della medicina
libro dello studente
guida per l'insegnante
1 audiocassetta

L'arte del costruire
libro dello studente
guida per l'insegnante

Una lingua in Pretura
Il linguaggio del diritto
libro dello studente
guida per l'insegnante
1 audiocassetta

I libri dell'arco

1. Balboni • **Didattica dell'italiano a stranieri**

2. Diadori • **L'italiano televisivo**

3. Micheli (cur.) • **Test d'ingresso di italiano per stranieri**

4. Benucci • **La grammatica nell'insegnamento dell'italiano a stranieri**

5. AA.VV. • **Curricolo d'italiano per stranieri**

Università per Stranieri di Siena – Bonacci editore

Finito di stampare nel mese di settembre 1996
dalla Tibergraph s.r.l. – Città di Castello (PG)